I0876879

V&R unipress

ZEITGESCHICHTE

zeitgeschichte
46. Jg., Heft 3 (2019)

Eine Friedensordnung für Europa? Der Vertrag von St. Germain im Kontext der Pariser Vororte-Verträge

Herausgegeben von
Anita Ziegerhofer

V&R unipress

Vienna University Press

Inhalt

Rezensionen

Anita Ziegerhofer

Editorial

Am Samstag, dem 18. Jänner 1919, eröffnete der französische Ministerpräsident Raymond Poincaré die Friedenskonferenz in Paris. Ab nun wurde Paris für ein Jahr die Hauptstadt der Welt: „Die Friedenskonferenz war die wichtigste Angelegenheit der Welt, und die Friedensmacher waren die mächtigsten Männer der Welt."[1] Nicht nur das Neuigkeits-Welt-Blatt fragte sich „Wie werden Sie den Frieden gestalten?"[2], sondern wohl die gesamte Welt. Bis Ende Jänner 1920 sollten sich täglich Vertreter aus 25 Nationen treffen, um diesen Frieden zu gestalten. Bereits die Eröffnungsrede Poincarés warf einen Schatten auf die hohen Friedenserwartungen – die Vermutung eines Redakteurs der erwähnten Zeitung sollte sich bewahrheiten: „Was da herauskommt, kann man Vergewaltigung, Gewaltfrieden oder Racheakt nennen, gewiss wird es aber kein Rechtsfriede und darum auch kein dauernder Friede sein."[3] Nicht Sieger und Besiegte saßen an einem Tisch zusammen und berieten, sondern lediglich die Sieger – die Besiegten waren in Pariser Vororten einquartiert, man verkehrte mit ihnen großteils schriftlich.

Auf der ersten Tagung der „Peacemaker" stand die Klärung folgender Fragen: 1. Die Verantwortlichkeit und Urheber des Krieges; 2. Die Strafmaßnahmen gegen die während des Krieges begangenen Verbrechen; 3. Internationale Gesetzgebung betreffend die Arbeit. Die Antworten darauf und auf im Konferenzverlauf aufgeworfene Fragen finden sich in den fünf Friedensverträgen.

Knapp ein halbes Jahr nach der Konferenzeröffnung erfolgte am 28. Juni 1919 die Unterzeichnung des Friedensvertrages von Versailles durch die alliierten und assoziierten Mächte auf der einen und Deutschland auf der anderen Seite. Gleichzeitig, da sie Teil des Versailler Vertrages waren, wurden zwei internationale Organisationen gegründet: Der Völkerbund und die Internationale Ar-

1 Margret MacMillan, Die Friedensmacher. Wie der Versailler Vertrag die Welt veränderte, Berlin 2018, 9.

2 Neuigkeits-Welt-Blatt, 21. 1. 1919, 1.

3 Neuigkeits-Welt-Blatt, 21. 1. 1919, 2.

beitsorganisation (ILO). Der Vertrag von Versailles bildete die „Blaupause“ für den am 10. September 1919 mit Österreich geschlossenen Vertrag von St. Germain-en-Laye, für den am 27. November 1919 mit Bulgarien geschlossenen Vertrag von Neuilly sowie für den Vertrag von Trianon, am 4. Juni 1920 mit Ungarn geschlossen und dem Vertrag von Sévres, der am 10. August 1920 vom Osmanischen Reich unterzeichnet wurde. Sévres war der einzige Vertrag, der durch den Vertrag von Lausanne 1923 eine Revision erfuhr.

Als der amerikanische Präsident Woodrow Wilson im Dezember 1918 in Brest landete, hatte er bereits einen Entwurf über die Gestaltung des Weltfriedens im Reisegepäck. Für ihn galt die Gründung eines Völkerbundes als Garant, nicht nur für einen europäischen Frieden, sondern gar für den Weltfrieden. Daher sollte die Satzung des Völkerbundes Teil aller Friedensverträge sein. Allerdings weigerte sich der amerikanische Kongress, die Völkerbundsatzung und somit den Vertrag von Versailles und die weiteren Friedensverträge zu unterzeichnen. Der geplante Weltbund blieb ein Torso, die Vereinigten Staaten von Amerika unterzeichneten erst 1921 Sonderfriedensverträge mit den besiegten Staaten. Die Völkerbundsatzung bildet den ersten Teil, die Satzung der Internationalen Arbeitsorganisation (ILO) den vorletzten Teil aller Friedensverträge. Somit sind die Inhalte der Friedensverträge von den Bestimmungen eines politischen Friedens und jenen eines sozialen Friedens umklammert.

Im Mittelpunkt des vorliegenden Bandes steht nicht nur die Darstellung der Bedeutung des Vertrages von St. Germain für Österreich, sondern es werden auch unterschiedliche Bereiche des Vertrages in den Fokus genommen. Zunächst beschreibt Laura Rathmanner die Verhandlungen der „Peacemaker“ auf der Friedenskonferenz und die Vororteverträge, weiters stellt sie die Bemühungen der österreichischen Friedensdelegation unter Staatskanzler Karl Renner dar. St. Germain prägte die junge Republik – in Teilen ist er heute noch relevant. Dies gilt etwa für die Minderheitenrechte, Art. 62–69 sind heute in Verfassungsrang, denen sich Herbert Kalb in seinem Beitrag widmen wird. Thomas Olechowski wiederum untersucht die (rechts-)historischen Hintergründe, den konkreten juristischen Gehalt und die Folgen des „Anschlußverbots“, Inhalt von Artikel 88 des Vertrages. Ein bisher in der Forschung wenig beachteter Bereich bildet den Gegenstand des Beitrags von Stefan Wedrac: Er behandelt die Anfänge der österreichischen Drogenverbotspolitik.

Alle AutorInnen und die Herausgeberin bilden das Forschungsteam des FWF-Projektes P-29774 „Die rechtliche Bedeutung des Vertrages von St. Germain“. Dieses Projekt wird seit 2017 an der Kommission für Rechtsgeschichte Österreichs (KRGÖ) der ÖAW durchgeführt. Die Forschungsergebnisse werden in Form eines Kommentars im Sommer 2020, anlässlich des Inkrafttretens des Vertrages von St. Germain (16. Juli 1920), veröffentlicht.

Artikel

Laura Rathmanner

Die Pariser Friedensverhandlungen und die deutschösterreichische Friedensdelegation

I. St. Germain als Teil der Vororteverträge

Der Krieg hatte die Landkarte Europas verändert: Im Herbst 1918 war auf dem Boden der k. u. k. Doppelmonarchie eine Reihe von Staaten[1] entstanden, die sich zum Teil überschneidende Ansprüche auf Gebiete und deren BewohnerInnen stellten. Während die Monarchie im Auseinanderbrechen begriffen war, waren die Waffenstillstandsverhandlungen mit den jeweiligen Kriegsgegnern zum Teil finalisiert[2] worden und die Vorbereitungen der siegreichen „alliierten und assoziierten Mächte"[3] für den Friedensschluss bereits in vollem Gange.

Der Vertrag[4] von St. Germain stellt in chronologischer Reihenfolge den zweiten von insgesamt fünf Friedensverträgen dar, die in Folge der Pariser Friedenskonferenz unterzeichnet wurden. Wie bei völkerrechtlichen Verträgen üblich, wurden die Verträge einzeln nach den Unterzeichnungsorten Versailles[5] (Deutschland), St. Germain[6] (Österreich), Neuilly[7] (Bulgarien), Trianon[8] (Un-

1 Als „Nachfolgestaaten" werden im Folgenden mit Ausnahme Österreichs und Ungarns alle auf dem Boden der österreichisch-ungarischen Monarchie neu entstandenen Staaten und solche, die Territorien der Monarchie übernommen haben (mit Ausnahme Italiens) bezeichnet.

2 In chronologischer Reihenfolge: Bulgarien: 29.9.1918, Ottomanisches Reich/Türkei: 30.10. 1918,' Österrreich-Ungarn: 3.11.1918, hinsichtlich Ungarns ergänzt um die Militärkonvention vom 13.11., Deutsches Reich: 11.11.1918. Zu den Datumsangaben vgl. die Präambeln der entsprechenden Verträge.

3 Siehe dazu noch unten.

4 Die deutsche Übersetzung im Staatsgesetzblatt bezeichnet den Vertrag durchgehend als „Staatsvertrag", da die neue Republik jede Rechtsnachfolge nach der Monarchie ablehnte und sich niemals im Kriegszustand mit den alliierten und assoziierten Mächten befunden habe, somit auch nicht als Vertragspartner eines „Friedensvertrags" in Frage käme. Dabei handelt es sich jedoch letzten Endes um eine Frage des Prinzips. Der Vertrag zählt mit Blick auf seine Entstehungsgeschichte und seinen Inhalt zu den Pariser Friedensverträgen und wird auch in der deutschsprachigen Literatur regelmäßig als solcher bezeichnet. Nach Möglichkeit wird in diesem Beitrag die neutrale Bezeichnung „Vertrag" verwendet.

5 Friedensvertrag zwischen Deutschland und den alliierten und assoziierten Mächten vom 28. Juni 1919, abgedruckt im Deutschen RGBl 1919/140.

6 Staatsvertrag von Saint-Germain-en-Laye vom 10.9.1919, StGBl 1920/303.

garn) und Sèvres[9] (Ottomanisches Reich), in der Literatur auch ihrer Gesamtheit als „Vororteverträge“ bezeichnet; als Vertragspartner standen sich jeweils die alliierten und assoziierten Mächte und einer der Verliererstaaten beziehungsweise dessen Nachfolger gegenüber. Die Bezeichnung Vororteverträge erstreckt sich jedoch üblicherweise nicht auf die zeitgleich ebenfalls unterzeichneten Verträge, die die Friedensverträge inhaltlich ergänzen[10] oder aber davon unabhängig abgeschlossen wurden. Zu ersteren zählen insbesondere die Minderheitenschutzverträge und die Abkommen über die „Befreiungskosten“. Auch sie werden in der Literatur oft mit dem Unterzeichnungsort als Beinamen versehen, so bezeichnet etwa der „kleine“ Vertrag von Versailles den Minderheitenschutzvertrag mit Polen vom selben Tag.[11] Vom selben Tag wie der Vertrag von St. Germain datieren, neben drei nicht auf das System der Friedensverträge bezogenen Verträgen[12], die Minderheitenschutzverträge mit der Tschechoslowakei[13] und dem SHS-Staat[14], sowie die Übereinkommen bezüglich der italienischen Reparationszahlungen[15] und über die Befreiungsbeiträge der Territorien der ehemaligen österreichisch-ungarischen Monarchie[16].

7 Vertrag von Neuilly-sur-Seine vom 27. 11. 1919, deutsche Fassung abgedruckt in: Sammlungen der Gesetze und Verordnungen des čechoslowakischen Staates 1922/ 274.

8 Vertrag von Trianon vom 4. 6. 1920, Deutsche Fassung abgedruckt in: Sammlungen der Gesetze und Verordnungen des čecholslowakischen Staates 1922/ 102.

9 Vertrag von Sèvres vom 10. 8. 1920, British Treaty Series 1920/11, URL: http://foto.archivalware.co.uk/data/Library2/pdf/1920-TS0011.pdf (abgerufen 14. 7. 2019).

10 Nicht ganz eindeutig Fitz Fellner, Die Pariser Vororteverträge von 1919/20, in: Bosl (Hg.), Versailles-St. Germain-Trianon. Umbruch in Europa vor fünfzig Jahren, München/Wien 1971, 7–23, der vom Versailler Vertrag ausgehend zunächst die Friedensverträge behandelt, bevor er richtigerweise hervorhebt, dass die Konferenz in ein „System von Verträgen“ (ebd., 22) mündet.

11 Vgl. dazu Herbert Kalb, Kommentar zu den Artikeln 62–82: Minderheitenschutz (unveröffentlichtes Manuskript), 3. Kopie im Besitz der Verfasserin.

12 Revision der Generalakte von Berlin vom 26. 2. 1885 und der Generalakte und Deklaration von Brüssel vom 2. 7. 1890, British Treaty Series 1919/ 18, URL: http://foto.archivalware.co.uk/data/Library2/pdf/1919-TS0018.pdf (abgerufen 14. 7. 2019); Abkommen über den Handel mit geistigen Getränken in Afrika, British Treaty Series 1919/19, URL: http://foto.archivalware.co.uk/data/Library2/pdf/1919-TS0019.pdf (abgerufen 14. 7. 2019); Abkommen über die Kontrolle des Waffen- und Munitionshandels, British Treaty Series 1919/12, URL: http://foto.archivalware.co.uk/data/Library2/pdf/1919-TS0012.pdf (abgerufen 14. 7. 2019).

13 Vertrag zwischen den alliierten und assoziierten Mächten und der Tschechoslowakei, British Treaty Series 1919/20, URL: http://foto.archivalware.co.uk/data/Library2/pdf/1919-TS0020.pdf (abgerufen 14. 7. 2019).

14 Vertrag zwischen den alliierten und assoziierten Mächten und dem Serbisch-Kroatisch-Slowenischem Staat, British Treaty Series 1919/17, URL: http://foto.archivalware.co.uk/data/Library2/pdf/1919-TS0017.pdf (abgerufen 14. 7. 2019).

15 Vertrag zwischen den alliierten und assoziierten Mächten bezüglich der Reparationszahlungen, British Treaty Series 1919/15, URL: http://foto.archivalware.co.uk/data/Library2/pdf/1919-TS0015.pdf (abgerufen 14. 7. 2019).

II. Die Pariser Friedenskonferenz

Die Pariser Friedenskonferenz war in den vergangenen 100 Jahren[17] immer wieder Gegenstand wissenschaftlicher Betrachtungen und ist dennoch bis zum heutigen Tag nicht vollständig aufgearbeitet worden. Bereits die Zeitgenossen maßen ihr im Vergleich zu anderen internationalen Zusammenkünften in überdurchschnittlich hohem Ausmaß Bedeutung bei;[18] und zahlreiche Teilnehmer blickten in ihren Memoiren auf die Ereignisse zurück.[19] Bemerkenswert ist der Grad der Durchdringung zumindest ähnlich gelagerter Themen, deren Aufarbeitung selbst Geschichte geschrieben hat, während unbekanntere Aspekte zumeist auch unbekannt blieben. Mit wenigen Ausnahmen[20] stehen auch die organisatorischen Rahmenbedingungen der Konferenz im Hintergrund oder am Rande anderer Darstellungen. Dies beginnt schon mit dem Verweis auf die „Pariser Friedenskonferenz" selbst, der meist im weitesten Sinne im Zusammenhang mit den dort abgeschlossenen Friedensverträgen erfolgt. Als Beginn wird zumeist der 18. Jänner 1919, an dem die *Vorfriedens*konferenz offiziell eröffnet wurde, genannt. Wie schon Fellner[21] betonte, ist es notwendig, hierbei

---

16 Vertrag zwischen den alliierten und assoziierten Mächten bezüglich der Beiträge zu den Kosten der Befreiung der Gebiete der ehemaligen österreichisch ungarischen Monarchie, British Treaty Series 1919/15, URL: http://foto.archivalware.co.uk/data/Library2/pdf/1919-TS0014.pdf (abgerufen 14.7.2019).

17 Das wohl einflussreichste Werk jüngerer Zeit stammt von Margaret MacMillan aus dem Jahr 2001 und wurde mehrmals nachgedruckt; hier zitierte Version: Margaret MacMillan, Peacemakers. The Paris Peace Conference of 1919 and Its Attempt to End War, London 2003. Jüngst sind folgende Publikationen erschienen: Leonard V. Smith, Sovereignty at the Paris Peace Conference of 1919, Oxford 2018; Jörn Leonhard, Der überforderte Frieden: Versailles und die Welt 1918–1923, München 2018 sowie Marcus M. Payk, Frieden durch Recht? : der Aufstieg des modernen Völkerrechts und der Friedensschluss nach dem Ersten Weltkrieg (Studien zur Internationalen Geschichte 42), Berlin 2018. Aus österreichischer Sicht bedeutsam sind nach wie vor die Beiträge von und im Kreis von Fritz Fellner: Fitz Fellner, Die Pariser Vororteverträge von 1919/20, in: Bosl (Hg.), Versailles-St. Germain-Trianon. Umbruch in Europa vor fünfzig Jahren, München/Wien 1971, 7–23; Fritz Fellner, Der Vertrag von St. Germain, in: Erika Weinzierl/Kurt Skalnik, Österreich 1918–1938. Geschichte der 1. Republik, Bd. 1, Graz/Wien/Köln 1983, 85–106 sowie Hanns Haas, Österreich-Ungarn als Friedensproblem: Aspekte der Friedensregelung auf dem Gebiet der Habsburgermonarchie in den Jahren 1918–1919, 2 Bde., Salzburg 1968, mit denen die durch die Öffnung der Archive ermöglichte Neubewertung des Vertrags von St. Germain in der österreichischen Geschichtsschreibung erfolgte.

18 Das erste umfassende (und bis heute maßgebliches) Werk wurde Anfang der zwanziger Jahre von H.W.V. Temperley herausgegeben: Harold W. V. Temperley (Hg.), A history of the Peace Conference of Paris, 6 Bde, London 1920–1924.

19 Genannt seien hier nur die Memoiren von David Lloyd George, The truth about the peace treaties, London 1938 und André Tardieu, The truth about the treaty, London 1921.

20 Insb. Frank S. Marston, The Peace Conference of 1919: Organization and Procedure, London u. a. 1944.

21 Fellner, Vororteverträge, 11.

genauer zu differenzieren: Die Regierungschefs der verbliebenen Entente-Mächte, Georges Clemenceau (Frankreich), David Lloyd George (Großbritannien) und Vittorio Orlando (Italien), hatten sich in Abstimmung mit den Vereinigten Staaten von Amerika im Vorfeld darauf verständigt, zunächst eine Vorfriedenskonferenz abzuhalten, der dann die eigentliche Friedenskonferenz folgen sollte.[22] Diese Vorfriedenskonferenz sollte der Vorbereitung der Friedensverhandlungen, die ursprünglich den Abschluss eines Präliminarfriedens bezweckten[23], dienen. Formal[24] begann der Friedenskongress, das heißt die eigentliche Friedenskonferenz, ab der Übergabe der Friedensbedingungen an die deutsche Delegation im Mai 1919.[25] Der Übergang war jedoch ein fließender; bereits bei den Vorgängen Mitte Februar 1919 stellt MacMillan fest: „Although it was not yet acknowledged, what was happening at Paris was now the Peace Conference proper."[26] Ähnliche Überlappungen ergaben sich auch am Ende der Konferenz, die formal bis Jänner 1920 dauerte, obwohl nach der Unterzeichnung des Versailler Vertrages die wesentlichen Entscheidungen nicht mehr auf der Konferenz, sondern nach Rückfrage bei den politischen Entscheidungsträgern in Rom, London und Washington oder auf Spezialkonferenzen getroffen wurden.[27] Gleichzeitig wurde 1920 die Konferenzorganisation nicht vollständig aufgelöst, sondern im Rahmen der „Botschafterkonferenz", eingerichtet zur Koordination beziehungsweise Kontrolle der Durchführung der Verträge und bestehend aus den Botschaftern Großbritanniens, Italiens und Japans, die unter dem Vorsitz des französischen Außenministers und Hinzuziehung des Botschafters der USA regelmäßig zusammenkamen.[28]

---

22 Vgl. Fellner, Vororteverträge, 10f.

23 Dieser Plan geht auch noch in einem von Llloyd George im April dem Obersten Rat zur Kenntnis gebrachten Telegramm deutlich hervor, vgl. Besprechung Oberster Rat vom 7. April 1919, Appendix II, Foreign Relations of the United States, The Paris Peace Conference 1919, vol. V, hg. v. United States Department of States, Washington 1946, 43. URL: https://history.state.gov/historicaldocuments/frus1919Parisv05/d5 (abgerufen 13.7.2019).

24 Ab diesem Zeitpunkt werden auch die Protokolle der Plenarsitzungen als solche bezeichnet.

25 Vgl. 1. Protokoll der Plenarsitzung vom 7. 5., FRUS, The Paris Peace Conference 1919, vol. III, hg. v. United States Department of States, Washington 1943, URL: https://history.state.gov/historicaldocuments/frus1919Parisv03/d11 (abgerufen 14.7.2019).

26 Vgl. MacMillan, Peacemakers, 495. „The Peace Conference carried on until January 1920, but it was like a theatrical production whose stars had gone."

27 Ebd.

28 Auch die Botschafterkonferenz ist bisher von der Forschung eher stiefmütterlich behandelt worden, einen guten Überblick bietet Jürgen Heideking, Areopag der Diplomaten: Die Pariser Botschafterkonferenz der alliierten Hauptmächte und die Probleme der europäischen Politik 1920–1931 (Historische Studien 436), Husum 1979.

2.1 Die Teilnehmer

Die Konferenzteilnehmer[29] können zunächst nach ihrer Stellung im Krieg in die kriegsführenden und die neutralen Mächte unterteilt werden; hinzu kamen die neuen beziehungsweise erst im Entstehen begriffenen oder um ihr Entstehen ringenden Völkerrechtssubjekte. Nach ihrer Stellung auf der Konferenz bietet sich die folgende Gruppierung an:

2.1.1 Die alliierten und assoziierten Mächte

Diese können wiederum in die fünf alliierten und assoziierten Hauptmächte und die alliierten und assoziierten Mächte unterteilt werden:

Nach dem politischen Einflussbereich auf der Friedenskonferenz, der sich in erster Linie an der Teilnahme im „Viererrat“[30] ablesen lässt, handelte es sich hierbei in erster Linie um die verbliebenen Entente-Mächte Großbritannien, Frankreich und Italien und die mit ihnen verbündeten Vereinigten Staaten, deren Staatsoberhäupter schließlich selbst als „Big Four“, die „Großen Vier“, bezeichnet wurden. Formal und nach den Verträgen zählte auch Japan dazu. In der Geschäftsordnung werden diese Staaten als „Mächte mit allgemeinen Interessen“ bezeichnet, denen – im Gegensatz zu den „Mächten mit speziellen Interessen“ und den Neutralen – die Teilnahme an sämtlichen Gremien der Konferenz zuerkannt wurde; zu den übrigen alliierten und assoziierten Mächten zählten insbesondere auch die neu entstandenen Nachfolgestaaten der Monarchie.

2.1.2 Die neutralen Staaten

In Anbetracht der großen Erwartungshaltung an die Friedenskonferenz bemühten sich auch während des Krieges neutral gebliebene Staaten wie z.B. Norwegen und die Schweiz[31] erfolgreich um die Teilnahme.

2.1.3 Die Besiegten

Die Verliererstaaten wurden in die Konferenzorganisation nicht eingebunden und grundsätzlich erst zur Präsentation der jeweiligen Friedensbedingungen zu den Verhandlungen eingeladen, die auf schriftlichem Wege erledigt wurden. In

29 Der Begriff wird im weitesten Sinn, d.h. vor allem unter Miteinbeziehung der Besiegten, verwendet.

30 Dazu unten unter „Organisation“.

31 Die Teilnahmegesuche sind abgedruckt in: FRUS, The Paris Peace Conference 1919, vol. I, hg.v. United States Department of States, Washington 1942, URL: https://history.state.gov/historicaldocuments/frus1919Parisv01 (abgerufen 14.7.2019).

den einzelnen Friedensverträgen stellen sie jeweils die Gegenseite dar, mit denen die „alliierten und assoziierten Mächte“ jeweils einzeln Frieden schlossen. Auf Verliererseite trug diese mangelnde Gleichberechtigung, die von vorherigen großen Friedenskonferenzen abwich, wesentlich zur Ablehnung des Vertrags bei.[32]

2.1.4 Sonderfälle

Den bekannteste Sonderfall stellt zweifellos Russland dar, dessen neue Regierung 1918 den Frieden von Brest-Litowsk geschlossen hatte und das nach langem Hin und Her an der Konferenz schließlich doch nicht teilnehmen sollte.[33] Nichtsdestotrotz waren die dortigen Ereignisse nicht nur indirekt mitverantwortlich für den Stellenwert der sozialen Fragen auf der Friedenskonferenz, die in der Schaffung der ILO münden sollten, sondern es wurde auch in den Friedensverträgen selbst sowohl auf das „ehemalige russische Reich“ als auch auf die neue russische Regierung Bezug genommen.[34]

2.2 Ort

Mehrere Orte waren im Vorfeld vorgeschlagen worden, Belgien hatte Brüssel angeboten,[35] während von amerikanischer Seite zunächst die neutrale Schweiz, von Präsident Wilson selbst Lausanne,[36] favorisiert wurde. „On second thought“ erschien dem amerikanischen Präsidenten jedoch das französische Angebot, die

32 Vgl. Randall Lesaffer, Mieke van der Linden, Peace Treaties after World War I, 2015, Rz. 12, in: Max Planck Encyclopedia of Public International Law [MPEPIL], URL: https://opil-ouplaw-com.uaccess.univie.ac.at/view/10.1093/law:epil/9780199231690/law-9780199231690-e368?rskey=4Ho0Y6&result=2&prd=EPIL (abgerufen 14.7.2019).

33 Vgl. zu Entwicklung der Diskussionen über die Miteinbeziehung Russlands MacMillan, Peacemakers, 72–90.

34 Alle Vororteverträge enthielten einschlägige Bestimmungen, im Vertrag von St. Germain stellt Art 87 die Kernbestimmung zu „Russland und den Russischen Staaten“ dar, in der sich Österreich unter anderem zur Anerkennung der Ungültigkeit sämtlicher Verträge Österreich-Ungarns mit der „maximalistischen Regierung“, im Besonderen des Friedensvertrags von Brest-Litowsk, verpflichtete.

35 Telegramm des Sonderbeauftragten House an Wilson vom 28.10.1918, FRUS, PPC 1919 I, 119, URL: https://history.state.gov/historicaldocuments/frus1919Parisv01/d72 (abgerufen 19.6.2019).

36 Vgl. Wilsons Antwort an House, 28.10.1918 sowie ein Telegramm von House an den amerikanischen Außenminister, 5. November 1918, ebd., 119–121, URL: https://history.state.gov/historicaldocuments/frus1919Parisv01/d73 bzw. https://history.state.gov/historicaldocuments/frus1919Parisv01/d76 (abgerufen 19.6.2019).

Konferenz in Paris, namentlich in Versailles zu veranstalten, als beste Lösung.[37] Die Schweiz sei „saturated with every poisonous element and open to every hostile influence in Europe“, während in Paris unter Kontrolle von „friendly influences and authorities“ stehe.[38] Noch am selben Tag, dem 9. November 1918, informierte der US-amerikanische Sonderbeauftragte, Colonel Edward House, den französischen Ministerpräsidenten Georges Clemenceau über diese Wendung; formal musste die Entscheidung erst nach Übereinstimmung mit dem britischen Premierminister David Lloyd George und dem italienischen Ministerpräsidenten Vittorio Orlando bestätigt werden.[39] Für die österreichische Delegation war zunächst Chantilly angedacht worden,[40] die tags darauf beschlossene Einladung erfolgte jedoch nach St. Germain.[41]

2.3 Organisation

Wie bereits bei den obigen Schilderungen zur Konferenz deutlich wird, herrschte von Beginn an ein gewisses Durcheinander.[42] Dies lag einerseits an der Größe der Konferenz[43]; zu diesem Durcheinander trugen jedoch auch die verschiedenen Bezeichnungen und wechselnden Zusammensetzungen der leitenden Gremien, sowie die Abgrenzung oder vielmehr der fließende Übergang zu anderen, parallel bestehenden Gremien (wie insbesondere dem Obersten Kriegsrat, aber auch zum Beispiel dem Obersten Wirtschaftsrat) bei. In der Geschäftsordnung der Konferenz fanden sich zudem nur zum Teil Regelungen über die verschiedenen Gremien der Konferenz, zumal sich diese nur auf die formale Konferenzorganisation, nicht aber auf die Gremien, bei denen sich das politische Schwergewicht lag, erstreckte.

37 Zum anfänglichen Widerwillen seitens der USA und Großbritanniens vgl. MacMillan, Peacemakers, 35.

38 Wilson an House, 7. 11. 1918, FRUS, PPC 1919 I, 122, URL: https://history.state.gov/historicaldocuments/frus1919Parisv01/d77 (abgerufen 19. 6. 2019).

39 Vgl. House an Wilson und Lansing, 9. 11. 1918, FRUS, 1919 Supplement 1: The World War, vol. I, hg. v. United States Department of States, Washington 1933, 485f, URL: https://history.state.gov/historicaldocuments/frus1918Supp01v01/d410 (abgerufen 19. 6. 2019).

40 Vgl. Besprechung Viererrat, 30. 4. 1919, FRUS, PPC 1919, V, 369, URL: https://history.state.gov/historicaldocuments/frus1919Parisv05/d33 (abgerufen 14. 7. 2019).

41 Vgl. Besprechung Viererrat, 1. 5. 1919, FRUS, PPC 1919, V, 406, URL: https://history.state.gov/historicaldocuments/frus1919Parisv05/d37 (abgerufen 14. 7. 2019).

42 So treffend MacMillan, Peacemakers, 4.

43 Allein die britische Delegation umfasste mehr als 400 Personen, vgl. ebd., 52. Der Abdruck der vom 1. 4. datierten Zusammensetzung der Konferenz erstreckt sich über 90 Seiten, vgl. FRUS, PPC 1919, III, URL: https://history.state.gov/historicaldocuments/frus1919Parisv03/d1 (abgerufen 14. 7. 2019).

Diese Entwicklung war bereits im Vorfeld zwischen den späteren „Großen Vier", Clemenceau, Lloyd George, Orlando und dem amerikanischen Präsidenten Woodrow Wilson bestimmt worden. Im Zuge der Beratungen über die Verlängerung des Waffenstillstands und die Organisation der Konferenz, adressierten die Genannten (in Anwesenheit weiterer Delegierter der jeweiligen Staaten) am 12. Jänner 1919 in einer „conversation", entscheidende Fragen bezüglich der Form und der Teilnahme an der Konferenz.[44] Mit Blick auf die Teilnahme anderer Nationen als der „Great Powers" und die Publizität der getroffenen Entscheidungen, einigte man sich darauf, dass, wie Clemenceau es zusammenfasste, es eigentlich drei Arten von Konferenzen geben sollte: Bezeichnenderweise führte er an erster Stelle „informal conversations", „informelle Beratungen, über die nichts verkündet werden würde", gefolgt von der „formalen" Vorfriedenskonferenz und dem Friedenskongress an. So sollte sichergestellt bleiben, dass – wie im Krieg – „in fact" die Großmächte die Fragen entscheiden und gleichzeitig der Eindruck vermieden werden würde, dass die anderen Nationen nur dann miteinbezogen werden würden, wenn die Großmächte der Ansicht waren, dass sie betroffen wären.[45] Nach einem Aufschrei der Presse sah sich der Rat gezwungen, diese Vorgehensweise im Hinblick auf die versprochene „open diplomacy" zu rechtfertigen, hielt aber daran fest, wobei als Hauptargument der Vergleich mit nationalen Kabinettssitzungen diente: „The proceedings of a peace conference are far more analogous to those of a cabinet than to those of a legislature. Nobody has ever suggested that cabinet meetings should be held in public, and if they were so held, the work of government would become impossible."[46] So gelang es, das politische Schwergewicht bei den Großmächten zu konzentrieren, die nach wie vor auch in der Literatur zur Friedenskonferenz im Mittelpunkt der Darstellungen stehen.

Zunächst lag dieses Schwergewicht somit beim – mehr oder weniger aus dem Obersten Kriegsrat hervorgegangenen – „Zehnerrat" („Rat der Zehn"), von Beginn an auch als „Inter-Allied Council" oder „Supreme Council"[47], das heißt

44 Zu dieser Beratungen siehe auch Fellner, Vorortverträge, 11.

45 Vgl. Besprechung vom 12.1.1919, FRUS, PPC 1919, III, 493, URL: https://history.state.gov/historicaldocuments/frus1919Parisv03/d21 (abgerufen 13.7.2019). Diese Vorgehensweise wurde umgehend in die Tat umgesetzt: „After some discussion, it was agreed the press should be informed that after a meeting of the Supreme War Council, which had been concerned with questions relating to the renewal of the Armistice, the Prime Ministers and Foreign Secretaries had had an exchange of views as to the method and procedure at the Conference for formulating in a preliminary way the terms of Peace."

46 The Inter-Allied Council, in: Advocate of Peace 81 (1919) 2, 49–53, 50. Wenn MacMillan (z.B. MacMillan, Peacemakers, 495) daher von einer „Weltregierung" spricht, trägt sie dem Selbstverständnis des Rates Rechnung.

47 Im Advocate of Peace (vgl. The Inter-Allied Council, in: Advocate of Peace 81 (1919) 2, 49–53, 49) finden sich die Bezeichnungen „Inter-Allied Council" und „Supreme Inter-Allied Council";

Oberster Rat, bezeichnet, der seit 12. Jänner 1919 täglich zusammenkam. Dieses Gremium setzte sich aus den bereits genannten Regierungschefs und Außenministern der drei verbliebenen Entente-Mächte, der USA und den japanischen diplomatischen Vertretern zusammen,[48] die schließlich in die Friedensverträge als „alliierte und assoziierte Hauptmächte" Eingang finden sollten. Angesichts des schleppenden Fortgangs der Beratungen wurde der Zehnerrat zugunsten des „Viererrats" („Rat der Vier"), ergänzt um den „Fünferrat" („Rat der Fünf"), aufgelöst. Der Viererrat, der de facto die Rolle eines „Obersten Rats" übernahm, bestand aus den „Großen Vier", Clemenceau, Lloyd George, Wilson und Orlando. Im Fünferrat, in dem neben den Außenministern Frankreichs, Großbritanniens, Italiens und der USA auch Japan vertreten war, wurden die vom Rat der Vier nicht behandelten Fragen erörtert.[49] Während der Abwesenheit Italiens[50] von Mitte April bis Anfang Mai, setzten die „Großen Drei" ihre Besprechungen fort. Nach der Unterzeichnung des Versailler Vertrags reisten Wilson und Lloyd George unverzüglich ab;[51] die italienische Regierung war bereits am 19. Juni 1919 gefallen und Orlando abgereist.[52] In Paris übernahm der Rat der Delegationsleiter („Council of the Heads of Delegations" oder aber ebenfalls als „Supreme Council"[53]), in dem von den vormaligen „Großen Vier" nur mehr Clemenceau verblieben war, das Steuer.

Formal wurden die jeweiligen Friedensbedingungen von der Plenarversammlung der Vorfriedens- bzw. Friedenskonferenz beschlossen, die im Wesentlichen zur Eröffnung, vor der Überreichung der deutschen Friedensbedingungen und anlässlich der Unterzeichnung des deutschen, österreichischen und bulgarischen Vertrags zusammentrat,[54] und in der der französische Präsident

meist wurde er als „Oberster Rat" bezeichnet (vgl. MacMillan, Peacemakers, 61); auch die Besprechungsprotokolle sind ab 12. Jänner unter denen des „Supreme Council" geführt, und sind jeweils als „Besprechungsnotizen" – bzw. falls es sich um Besprechungsprotokolle des Obersten Kriegsrates handelt, als solche betitelt.

48 Vgl. zur Zusammensetzung des Zehnerrats auch MacMillan, Peacemakers, 61 f.

49 Vgl. ebd., 281–283.

50 Zum Hergang siehe ebd., 288–308: Unmittelbarer Auslöser war die Adriafrage, oder, wie Wilson es kurz vor der Rückkehr der Italiener formulierte: „we ought not to be too soft-hearted about the Italians, who had withdrawn from the negotiations with Germany because they could not get what they wanted about the negotiations with Austria, which were a separate matter.";(Besprechung vom 2. 5., FRUS, PPC 1919, V, 409, URL: https://history.state.gov/historicaldocuments/frus1919Parisv05/d38 (abgerufen 14.7.2019)). Grundlegend zu Italien nach wie vor René Albrecht-Carrie, Italy at the Paris Peace Conference, New York 1938.

51 Vgl. MacMillan, Peacemakers, 495.

52 Nur der – nunmehr ehemalige – Außenminister Sonnino und zwei weitere Mitglieder waren in Paris verblieben, um den deutschen Friedensvertrag zu unterzeichnen, vgl. ebd., Peacemakers, 311.

53 Vgl. Fellner, Vororteverträge, 20.

54 Die Protokolle der Plenarsitzungen sind ebenfalls abgedruckt in FRUS, PPC 1919, III. URL: https://history.state.gov/historicaldocuments/frus1919Parisv03 (abgerufen 14.7.1919).

Clemenceau den Vorsitz hatte.[55] Zur „eigentlichen Arbeit“[56], das heißt der inhaltlichen und legistischen Vorbereitung der Beratungen der Leitungsgremien wurde von Beginn an eine Reihe von Kommissionen und Komitees geschaffen. Die Geschäftsordnung der Konferenz, publiziert im Anschluss an die erste Plenarsitzung vom 21. Jänner 1919, verweist an mehreren Stellen auf diese organisatorischen Elemente: Im ersten Abschnitt, der sich den Teilnehmern der Konferenz widmet, wird den „kriegsführenden Mächten mit allgemeinen Interessen“ (das heißt, den „alliierten und assoziierten Hauptmächten“ der Verträge) die Teilnahme an allen Sitzungen und Kommissionen garantiert. Abschnitt 14 Abs 2 stellt die Grundlage für die Einsetzung von Sachverständigenkomitees dar, die mit der „technische Untersuchung jeder Spezialfrage“ beauftragt werden können, und Abschnitt 16 sieht selbst die Schaffung eines zentralen Komitees, des „drafting committee“, in dessen Zuständigkeit die legistische Aufbereitung bereits gefasster Beschlüsse zur Vorlage an die Konferenz fiel. Entsprechend der Ankündigung durch Präsident Clemenceau, der in seiner Antrittsrede die Feststellung der Verantwortlichkeit für den Krieg als eine der ersten Aufgaben der Konferenz bezeichnet hatte[57], zählte die Kommission über die Kriegsverursacher und Sanktionen nach der Kommission zum Völkerbund zu den ersten auf Beschluss der Konferenz in der zweiten Plenarsitzung eingesetzten Gremien.[58] In dieser Sitzung wurden auch die Kommission zu den internationalen Arbeitsfragen, über die internationale Ordnung von Häfen, Wasserstraßen und Eisenbahnen, sowie die Kommission zur Reparation der Schäden geschaffen. Wie bereits bei diesen ersten Kommissionen ersichtlich, wurde mit der Schaffung zugleich die sachliche Zuständigkeit festgelegt beziehungsweise die zu beratenden Sachfragen definiert. Diese Einteilung findet sich in der Gliederung der Verträge wieder: Ein Teil der Vertragsteile lässt sich bereits anhand ihrer Titel auf das entsprechende Gremium zurückführen, wie etwa der erste Teil über den Völkerbund oder die Bestimmungen über „Häfen, Wasserstraßen und Eisenbahnen“ (Teil XII der Verträge von Versailles, St. Germain und Trianon bzw. Teil XI der Verträge von Neuilly und Sèvres). Zahlreiche Gremien untergliederten sich weiter in entsprechende Subkommissionen. Freilich gab es auch Überschneidungen, so waren zum Beispiel die Ergebnisse der „Commission des responsabilités des auteurs de la guerre et sanctions“ nicht nur für die Strafbestimmungen, sondern auch für die Begründung der Reparationsforde-

55 Dieser war ihm auf der Eröffnungssitzung formell übertragen worden, vgl. The Peace Conference organizes, in: Advocate of Peace 81 (1919) 2, 47–49, 47.

56 Fellner, St. Germain, 87.

57 Vgl. The Peace Conference organizes, in: Advocate of Peace 81 (1919) 2, 47–49, 47.

58 Diese „Reparations Commission“ ist keinesfalls zu verwechseln mit der „Reparationskommission“ nach dem Versailler Vertrag.

rungen ausschlaggebend.[59] Beinah ein Drittel der Gremien befasste sich mit territorialen Fragen, für die zunächst die „Commission de géographie“ bestand, auf die schon bald weitere Kommissionen, die sich jeweils mit bestimmten Gebieten befassten (mit Bezug auf Österreich zum Beispiel die „Commission des affaires tchéco-slovaques“ oder die „Commission des affaires roumaines et yougoslaves“), sowie das „Comité central des questions territoriales“ folgten. Die Ergebnisse der Kommissionsarbeiten und Vorschläge für die Formulierung der Klauseln wurden in Berichten an den Obersten Rat zusammengefasst. Aus der grundsätzlichen Einteilung nach Themen, nicht nach Vertragspartnern, lässt sich nicht nur die analoge Gliederung, sondern auch die Parallelität zahlreicher Vertragsbestimmungen aller Vororteverträge mit erklären.[60] Mit diesem thematischen Ansatz im Einklang steht auch das Fehlen eigener Gremien für die jeweiligen Verträge in ihrer Gesamtheit.[61] Explizit mit österreichischen Angelegenheiten betraut waren die „Commission des clauses politiques italiennes de traité avec Autriche“ und die „Commission des clauses politiques Autrichiennes“; in beiden Bereichen finden sich vergleichsweise vermehrt originäre Bestimmungen und Abweichungen zum Versailler Vertrag.

III. Die deutschösterreichische[62] Delegation in St. Germain

3.1 Vorbereitungen

Eines der vordringlichsten Ziele des neuen Staates bestand darin, auf einen baldigen Friedensschluss hinzuwirken, wobei die Aufnahme der Nachfolge-

59 Vgl. die Feststellung der Verantwortlichkeit der Gegenseite, die zur Begründung der Reparationsforderungen herangezogen wurde, im Bericht ebendieser Kommission: Bericht vom 29. 3., in: Recueil des Actes de la Conference, IV: Commmissions de la Conference, B: Questions générales, 2: Commission des Responsabilitées des Auteurs de la Guerre et Sanctions, hg. v. Conférence de la paix 1919–1920, Paris 1922, 167.

60 Vgl. für die Reparationsbestimmungen Manfred Bansleben, Das österreichische Reparationsproblem auf der Pariser Friedenskonferenz (Böhlaus zeitgeschichtliche Bibliothek 9), Wien/Graz/Köln 1988, 13.

61 Angesichts dieses thematischen Ansatzes kann die Nichtexistenz eines eigenen Gremiums für den österreichischen Vertrag daher nicht zur Unterstützung der – an sich richtigen – Feststellung, dass die Friedensmacher die Tendenz gezeigt hatten, den österreichischen Angelegenheiten nicht dieselbe Bedeutung beizumessen wie den deutschen (so MacMmillan, Peacemakers, 254), zumal kurz die Schaffung einer eigenen Kommission angesprochen worden war (vgl. Besprechung Viererrat, 26. 4. 1919, FRUS, PPC 1919, V, 292, URL: https://history.state.gov/historicaldocuments/frus1919Parisv05/d24 (abgerufen 14. 7. 2019)).

62 Die Delegation kam als Vertreterin der Republik Deutschösterreich nach St. Germain und trat auch als solche bei den Verhandlungen dort auf. Erst zehn Tage nach Austausch der Vollmachten war der Delegation bestätigt worden, dass die übermittelten Vollmachten als ausreichend für die Vertretung der „Republik Österreich“ erachtet wurden (vgl. Fellner,

staaten in die Reihen der alliierten und assoziierten Mächte für die junge (deutsch-)österreichische Republik eine besondere Herausforderung darstellte, insbesondere da der Waffenstillstand formal noch im Namen der Monarchie abgeschlossen worden war. In der zweiten Sitzung der Provisorischen Nationalversammlung am 30. Oktober 1918 wurde die Annahme einer an Präsident Wilson gerichteten Note beschlossen, in der der neue, selbstständige deutsch-österreichische Staat seinen Wunsch nach Zulassung seiner Vertreter zu den Verhandlungen über die Friedensbedingungen zum Ausdruck brachte.[63] Am 25. November 1918 wandte sich Bauer an den österreichischen Vertreter in Bern mit Instruktionen über die unmittelbare Kontaktaufnahme mit den Vertretern der Alliierten in der Schweiz zum Zweck des Abschlusses eines Präliminarfriedens.[64] Die Alliierten wiesen dieses Ansinnen zurück, wobei Bauer richtig vermutete, dass ein Grund dafür war, dass die Alliierten nicht mit einem Staat, mit dem sie sich aus ihrer Sicht noch im Kriegszustand befanden, Verhandlungen aufnehmen würden, bevor sie sich untereinander eins geworden waren.[65] Diese Weigerung sollte auch weiterhin aufrecht bleiben, obwohl es einerseits gelang, trotz der „strengen Weisungen" an die Entente-Vertreter in der Schweiz gegen jedweden Verkehr, weder direkt noch indirekt,[66] inoffizielle Kontakte aufzunehmen[67], andererseits die Entsendung einer alliierten Mission nach Wien über die Lebensmittelfrage zu erreichen.[68] Deutschösterreich versuchte bei all seinen diplomatischen Bemühungen nach besten Kräften auch sein rechtliches Selbstverständnis darzulegen, wie es bereits Anfang November 1918[69] in einem Gutachten von Hans Kelsen[70] formuliert worden war: Deutschösterreich sei – ebenso wie die anderen auf dem Gebiet der ehemaligen Monarchie neu entstandenen Staaten – als selbstständiger, unabhängiger und neutraler Staat ins Leben getreten, auf den der Kriegszustand der Monarchie nicht übertragbar sei. Diese Bemühungen gipfelten in einer Denkschrift an alle Wiener Vertretungen der Gegenseite, in der Bauer gleich zu Beginn ausführlich die deutschösterrei-

St. Germain, 94). Nichtsdestotrotz hielt die Delegation im Verkehr mit den Verhandlungspartnern bis zur Unterzeichnung des Vertrags an ihrer Selbstbezeichnung fest.

63 Vgl. Protokoll der Provisorischen Nationalversammlung, 30.10.1918, Außenpolitische Dokumente der Republik Österreich 1918–1938 (ADÖ), 21.10.1918 bis 14.3.1919, vol. I: Selbstbestimmung der Republik, hg. v. Klaus Koch/Walter Rauscher/Arnold Suppan, München 1993, 74–87, 75f.

64 Vgl. Instruktion des Staatssekretärs für Äußeres Bauer an Bevollmächtigten Haupt (Bern), 25.11.1918, ADÖ, 1918/19, I, 181–185, 181f.

65 Staatsrat. Verhandlungsschrift zur 51. Sitzung, 30.11.1918, ebd., 209–221, 209 und 213f.

66 Telegramm Gesandter De Vaux an Staatsamt für Äußeres, 24.12.1918, ebd., 315f.

67 Bericht Bevollmächtigter Haupt an Staatssekretär für Äußeres Bauer, 11.12.1918, ebd., 280–283.

68 Vgl. Bericht Bevollmächtigter Haupt an Staatsamt für Äußeres, 30.12.1918, ebd., 337–372.

69 Vgl. Arnold Suppan, Zur österreichischen Außenpolitik 1918/19, in: ebd., 30–49, 36f.

70 Gutachten Universitätsprofessor Kelsen, 29. 11., ebd., 206–209.

chische Sicht der Entstehung der Republik und ihre „völkerrechtliche Stellung“ schilderte und betonte, dass der „Kriegszustand, in dem sich die ehemalige österreichisch-ungarische Monarchie befunden hatte, [...] ebenso wenig auf Deutschösterreich übergegangen [ist], wie auf den tschecho-slowakischen oder einen anderen Nationalstaat, der aus der Auflösung Österreich-Ungarns entstanden ist.“[71]

In der (vergleichsweise) jüngeren österreichischen Literatur[72] wurde die innere Widersprüchlichkeit dieser Position hervorgehoben: Während Deutschösterreich sich in kultureller und historischer Hinsicht durchaus als Nachfolger der Monarchie betrachtet habe, habe es politisch und insbesondere in wirtschaftlicher und finanzieller Hinsicht versucht, seine Verantwortlichkeit von sich zu weisen und eine Verteilung der Lasten auf die Nachfolgestaaten zu erreichen.[73] Der Eindruck der Kontinuität wäre durch das widerspruchslose Übernehmen der Verpflichtungen aus dem Waffenstillstandsvertrag und die Übernahme des Personals und der Gebäude der Monarchie noch verstärkt worden[74].

> „Es sollte – das mag hier vorweggenommen sein – eine der Wesensschwächen der österreichischen Proteste gegen die Belastung der neuen Republik mit den Verpflichtungen des ehemaligen Gesamtstaates werden, daß man zwar in allen wirtschaftlichen Fragen jede verpflichtende Kontinuität von sich wies, in allen kulturellen und institutionellen Belangen jedoch sich als Erbe des Habsburgerreiches gab und gegen geforderte ‚Abtretungen‘ protestierte.“[75]

Deutschösterreich habe sich letzten Endes selbst auf die Gegnerseite gestellt, die sie von sich habe weisen wollen. Diese Kritik hat einiges für sich, sie erfasst deutlich die ursprüngliche Grundhaltung des „Übrig-Geblieben-Seins“ und die innere Widersprüchlichkeit zwischen formaler Argumentation und realen Gegebenheiten. In dieser Schärfe erscheint sie jedoch auch als Ausdruck des bewussten Entgegentretens gegen die lange vorherrschende Auffassung der einseitigen Ungerechtigkeit gegenüber dem neuen Staat und überschätzt den tatsächlichen Handlungsspielraum der jungen Republik. Viele der Widersprüchlichkeiten hätten sich auch durch eine andere Vorgehensweise nicht aus dem Weg räumen lassen. Was zum Beispiel die personelle und infrastrukturelle

71 Denkschrift Staatssekretär für Äußeres Bauer an alle in Wien vertretenen Mächte und Regierungen der Ententestaaten und der Vereinigten Staaten von Amerika, 25.12.1918, ebd., 316–328, 318.

72 Vgl. insb. Fellner, St. Germain, 87–89.

73 Vgl. ebd., 88f.

74 Vgl. ebd. Auch im Anspruch auf die Vertretung aller Deutschen sei diese Grundhaltung zum Ausdruck gekommen. ME spricht dieses Argument jedoch weniger für Identifikation mit der ehemaligen Monarchie als vielmehr für das nationale Selbstverständnis.

75 Ebd.

Kontinuität anlangt, so fiel auf dem Gebiet Deutschösterreichs – im Gegensatz zu den übrigen Nachfolgestaaten – das neue Zentrum mit dem alten zusammen. Wien war die Hauptstadt der Monarchie gewesen und hatte den zentralen Verwaltungsapparat beherbergt, während sich etwa die neue Zentralgewalt der Tschechoslowakei in Prag konstituieren konnte, zumal auch hier in personeller Hinsicht Kontinuitäten bestanden. Auch der Problematik bezüglich des Waffenstillstands war man sich deutlich bewusst[76], in Anbetracht der Schwäche des neuen Staates hatte man sich dafür entschieden, die Waffenstillstandsbedingungen einzuhalten.[77] Aus dem wiederholten Gesuch um die Teilnahme an den Friedensverhandlungen allein kann angesichts der Teilnahme auch nicht kriegsführender Staaten noch nicht auf ein implizites Anerkenntnis der Stellung als Gegner geschlossen werden.[78] Zu guter Letzt darf nicht vergessen werden, dass ein jeder Nachfolgestaat, ja ein jeder der Verhandlungspartner, selbstverständlich versuchte, seine eigenen Interessen durchzusetzen und sich in eine möglichst günstige Ausgangsposition zu bringen. Deutschösterreich stellte in dieser Hinsicht keine Ausnahme dar.

Zur inhaltlichen Vorbereitung auf die Friedensverhandlungen wurde am 27. November 1918 im Staatsamt für Äußeres ein Vorbereitungsdienst eingerichtet, mit deren Leitung Franz Klein betraut wurde.[79] Viel mehr als ein Bericht über den Stand der Vorarbeiten, den Klein am 20. Jänner 1919 – mit der Klage über deren Rückständigkeit – mit der Bitte um Unterstützung an Otto Bauer sandte, ist darüber jedoch nach wie vor nicht bekannt.[80] Aus diesem Bericht und der Beschreibung der internen Arbeiten der Friedensdelegation[81] lässt sich ableiten, dass zahlreiche der später an die Friedenskonferenz gerichteten Eingaben und Denkschriften auf diese Vorarbeiten zurückgehen.

---

76 Vgl. Verhandlungsschrift Staatsrat 6. 11. 1918, AdÖ, 1918/19, I, 97–101, 98f.

77 Vgl. Note von Staatssekretär für Äußeres Bauer an Staatskanzlei, 28. 12. 1918, ebd., 333.

78 So offenbar Fellner, St. Germain, 88.

79 Franz Klein und die Friedensverhandlungen in St. Germain, in: „Saint-Germain, im Sommer 1919“. Die Briefe Franz Kleins aus der Zeit seiner Mitwirkung in der österreichischen Friedensdelegation, Mai bis August 1919 (Quellen zur Geschichte des 19. und 20. Jahrhunderts 1), hg. v. Fritz Fellner/Heidrun Maschl, Salzburg 1977, 21–24, 21. Siehe dazu auch Fellner, St. Germain, 89.

80 Dies konstatierte schon Fellner: ebd. Die Einrichtung der Abteilung scheint in den Beständen des AdR, BKA/AA nicht auf: Vgl. Protokolle des Ministerrates der Ersten Republik Österreich, Abt. 1 (Deutsch-)Österreicher Kabinettsrat 31. 10. 1918 bis 7. 7. 1920, vol. I: Kabinett Dr. Karl Renner, 31. 10. 1918 bis 1. 2. 1919, hg. v. Gertrude Enderle-Burcel/Rudolf Jeřábek/Wolfgang Mueller/Stefan Semotan, Wien 2018, 144, FN 10.

81 Deutschösterreichische Friedensdelegation, Bericht über die Tätigkeit der deutschösterreichischen Friedensdelegation in St. Germain-Laye (379 der Beilagen zur Konstituierenden Nationalversammlung), vol. I, 4f.

3.2 Zusammensetzung

Der deutschösterreichischen Friedensdelegation im engsten Sinne gehörten sieben Personen an: Die Leitung war dem „Bevollmächtigten", dem sozialdemokratischen Staatskanzler Karl Renner übertragen, als dessen zwei „politische Berater", Alfred Gürtler und Ernst Schönherr, die den beiden anderen großen Fraktionen der Nationalversammlung angehörten, fungierten. Hinzu kamen vier „Generalkommissäre", hohe Funktionäre des Staatsamtes für Äußeres, namentlich der Stellvertreter des Staatssekretärs für Äußeres, Franz Klein, und die Sektionschefs Franz Peter, Johann Andreas Eichhoff und Richard Schüller. Als „Hilfskräfte" fungierten insgesamt 11 Vertreter aus den Staatsämtern für Äußeres, Heerwesen, Finanzen und Verkehrswesen sowie fünf Sachverständige und die „Experten für die Abgrenzungsfragen und die Angelegenheiten der besetzten und bedrohten Gebiete".[82] Von den Experten sind insbesondere Heinrich Lammasch und Slatin Pascha zu erwähnen, von deren Ansehen und Kontakten man zu profitieren hoffte.[83] Auch sechs Vertreter der Presse und das benötigte Hilfspersonal (insbesondere das Sekretariat) waren Teil der Delegation,[84] die somit circa 40 Personen und das zusätzliche Hilfspersonal umfasste.[85] Im Laufe der Verhandlungen veränderte sich die Zusammensetzung der Delegation: Insbesondere kehrten Mitte Juni 1919 nach Übergabe des ersten Teils der Friedensbedingungen der Großteil der Sachverständigen nach Wien zurück, und der Schwerpunkt verlagerte sich mit dem Eintreffen eines Vertreters des Staatsamtes für Handel und Gewerbe, Industrie und Bauten und von vier Sachverständigen aus dem Finanz- und Handelssektor, auf die finanziellen und wirtschaftlichen Fragen.[86] Auch die Gebietsexperten waren zunächst abgereist, wurden jedoch einen guten Monat später, nach Übergabe der Friedensbedingungen vom 20. Juli 1919, erneut nach St. Germain bestellt.[87]

82 Friedensdelegation, Bericht, I, 1f.

83 Vgl. Richard Schüller, Finis Austriae, in: Unterhändler des Vertrauens. Aus den nachgelassenen Schriften von Sektionschef Dr. Richard Schüller (Studien und Quellen zur österreichischen Zeitgeschichte), hg. v. Jürgen Nautz, München 1990, 216–272, 231. Die Hoffnung, darauf, dass Lammasch als bekannter Kriegsgegner als „persona grata with Alliied Statesman" empfangen werden würde, „soon proved a delusion" (ebd., 231); Slatin Pascha, ein österreichischer ehemaliger General der britischen Armee (vgl. Institut für Neuzeit und Zeitgeschichtsforschung, Österreichisches Biographisches Lexikon, URL: http://www.biographien.ac.at/oebl?frames=yes (abgerufen 14.7.2019), fungierte als Experte für Kriegsgefangenenfragen.

84 Friedensdelegation, Bericht, I, 3.

85 Vgl. Feller, St. Germain, 94.

86 Vgl. Friedensdelegation, Bericht, I, 3. Auch aus dem Justizministerium wurde ein Vertreter entsandt.

87 Zum Teil handelte es sich dabei um dieselben Personen, vgl. ebd.

Die Entscheidung über die Leitung der Delegation hatte im Vorfeld zu Diskussionen Anlass gegeben. Erwartet worden war, dass die Leitung der Delegation Franz Klein (begleitet von Egon Pflügl und Rudolf Laun) übertragen werden würde, der bereits den Vorbereitungsdienst für die Friedensverhandlungen geleitet hatte.[88] Nachdem Anfang Mai 1919 jedoch die Einladung der Siegermächte überbracht worden war, kam es sowohl in den Parteien als auch in der Nationalversammlung zu Debatten darüber, ob nicht eine in Bezug auf die Anschlussfrage nicht eindeutig positionierte Person günstiger wäre.[89] Daraufhin nominierte der Hauptausschuss zunächst den Präsidenten der Nationalversammlung, Karl Seitz, als Leiter der Delegation, als dieser jedoch – vermutlich auch aus parteipolitischen Erwägungen – ablehnte, fiel die Entscheidung auf Karl Renner, der daraufhin einstimmig von der Nationalversammlung ernannt wurde.[90] Kurz darauf, am Abend des 12. Mai 1919, reiste die Delegation aus Wien ab.[91]

3.3 Der Gang der Verhandlungen

Die österreichische Delegation langte am 14. Mai 1919 in Paris ein[92] und wurde in mehreren Villen in einem bestimmten Areal, das aus „2 Gassen und ein Stück eines Parks" bestand[93] und mit einem Seil abgetrennt war, untergebracht[94]; innerhalb dieses Areals konnten sich die Delegierten frei bewegen, es gab jedoch die Möglichkeit zu Ausflügen, Einkäufen oder zum Kirchbesuch,[95] wobei das Verlassen dieses Areals nur in Begleitung eines Offiziers gestattet war.[96] Eine wichtige Rolle spielte daher der Nachrichtendienst der Delegation, der die De-

88 Klein und die Friedensverhandlungen, in: Briefe, 21 f. Auch die undatierte „Instruktion für die Delegation zum Pariser Friedenskongreß" (abgedruckt in ebd., 38–50) aus dem Nachlass Otto Bauers geht noch von Klein als Delegationsleiter aus.

89 Immer wieder wird im Zusammenhang mit Personalentscheidungen auch der Leiter der französischen Mission, Henri Allizé, genannt, der „sich in vertraulichen Gesprächen gegen Franz Klein geäußert habe" (ebd., 22). Auch Richard Schüller berichtet in seinen Memoiren, dass Allizé sich gegen seine Teilnahme an der Delegation gestellt habe, da man diesem zugetragen habe, er sei ein Anschlussbefürworter. Vgl. Richard Schüller, Autobiographische Aufzeichnungen, 2. Teil, in: Unterhändler des Vertrauens, 120–194, 123.

90 Vgl. Klein und die Friedensverhandlungen, in: Briefe, 22.

91 Vgl. Friedensdelegation, Bericht, I, 3.

92 Vgl. ebd., 4.

93 Brief Kleins vom 15. 5. 1919, in: Briefe, 52.

94 Deutschösterreich hatte für die Kosten der Unterkunft aufzukommen, wobei laut Klein „die Mieten, die für die einzelnen Villen zu zahlen sind, [....] alle Erwartungen [überstiegen]", ebd.

95 Vgl. Telegramm des Pressekorrespondenten der Neuen Freien Presse, 19. 5. 1919, in: Briefe, 62–63.

96 Vgl. Schüller, Autobiographische Aufzeichnungen, in: Unterhändler des Vertrauens, 232.

legation über die Ereignisse in Deutschösterreich und im Ausland einerseits, die Weitergabe von Informationen an die deutschösterreichische Öffentlichkeit andererseits, informierte.[97] Das Gebot der Schriftlichkeit der Verhandlungen[98] erstreckte sich nur auf den Inhalt des künftigen Friedensvertrags, nicht aber auf die Fragen der Lebensmittel- und Finanzhilfe, die parallel weiterverhandelt wurden.[99] Während die Siegermächte in der Verständigung über die Schriftlichkeit die vertrauliche Behandlung des Notenverkehrs zugesichert hatten, lag gerade das Gegenteil im Interesse der Friedensdelegation, die in weiterer Folge darum bat, alle nicht explizit als „vertraulich" gekennzeichneten Noten der Presse zugänglich zu machen.

Je nach Blickwinkel bietet sich an, den Zeitraum des Pariser Aufenthalts der österreichischen Delegation grob in zwei oder drei Phasen zu unterteilen:

Aus Sicht der deutschösterreichischen Delegation erscheint eine Dreiteilung sinnvoll, von der Ankunft bis zum Erhalt des ersten, noch unvollständigen Entwurfs am 2. Juni 1919, gefolgt von der ersten Beantwortungsphase bis zum 20. Juli 1919, als der zweite Teil und die revidierte Fassung des 1. Teiles übergeben wurde, bis hin zur Unterzeichnung des Staatsvertrags durch Karl Renner am 10. September 1919. Noch am Abend des ersten Ankunftstages setzte sich die Delegation zusammen, um ihre innere Organisation und die Weiterführung der Vorarbeiten zu organisieren: Die einzelnen Themen sollten zuerst in Kommissionen und Subkommissionen beraten und dann der gesamten Kommission präsentiert werden.[100] Den Auftakt bildeten die Referate über die – bei den zentralen Vorarbeiten besonders rückständig gebliebenen[101] – wirtschaftlichen und finanziellen Fragen, dann folgten die Gebietsfragen, der Schutz der Minderheiten, über die gewünschte Volksabstimmung und den Völkerbund.[102] Neben fruchtlosen Versuchen der Kontaktaufnahme[103] blieb der Delegation nicht viel mehr übrig als zu warten, wiewohl über den Inhalt der Friedensbedingungen

97 Vgl. Friedensdelegation, Bericht, I, 5.

98 Vgl. die diesbezügliche Note Clemenceaus vom 31.5.1919, in: Friedensdelegation, Bericht, I, 36.

99 So berichtet Schüller in seinen Memoiren von Treffen mit französischen und italienischen Bankiers sowie Mitgliedern der interalliierten Finanzkommission über die Fortführung der Lebensmittelimporte. Vgl. Schüller, Finis Austriae, in: Unterhändler des Vertrauens, 233f. Die Delegation stand diesbezüglich auch mit dem Obersten Wirtschaftsrat in Kontakt, worüber der ebenfalls im Bericht der Friedensdelegation abgedruckte Notenwechsel über die Sicherstellung der Lebensmittelkredite und die Fortsetzung der Lebensmittel- und Kohlelieferungen Auskunft gibt.

100 Vgl. Klein und die Friedensverhandlungen, in: Briefe, 21–24, 22. Siehe auch Friedensdelegation, Bericht I, 4.

101 Vgl. Klein, Bericht über die bisherigen Vorarbeiten für die Friedensverhandlungen, 20.1.1919, in: Briefe, 26–32, 31.

102 Friedensdelegation, Bericht, I, 4f.

103 Vgl. Schüller, Finis Austriae, in: Unterhändler des Vertrauens, 233.

Gerüchte vordrangen.[104] Am 2. Juni 1919 war es nach abermaliger Verzögerung[105] schließlich soweit, und der Friedensdelegation wurden auf einer Plenarsitzung der Konferenz im „Steinzeitsaal" des Schlosses von St. Germain die Friedensbedingungen übergeben, für deren Beantwortung eine Frist von 14 Tagen vorgesehen war. Trotz der Verzögerung war der Entwurf unvollständig geblieben und enthielt noch nicht die Wiedergutmachungsbestimmungen und finanziellen Bestimmungen sowie die militärischen Bestimmungen und die politischen Bestimmungen in Bezug auf Italien[106]. Nach der Übergabe reiste Renner in Begleitung von Schüller nach Feldkirch ab, um sich dort mit Seitz, Vizekanzler Fink und Bauer zu beraten.[107] In seiner Abwesenheit wurde er von Klein vertreten.[108] Mit der ersten Beantwortung der Friedensbedingungen setzte eine rege Eingabe von Noten in Form von Denkschriften und Gegenvorschlägen seitens der österreichischen Delegation ein, die für diese zweite Phase der Friedensverhandlungen bezeichnend ist. Die Alliierten und Assoziierten antworteten darauf mit nur zwei gesonderten Noten, von denen sich eine auf den Völkerbund und die andere auf wirtschaftliche Fragen bezog. Alles andere wurde im Wege der Friedensbedingungen vom 20. Juli 1919, ergänzt durch ein Memorandum,[109] behandelt, die „auf informelle Weise" übergeben wurden.[110] Es folgte eine weitere Reise Renners nach Feldkirch, der in Paris abermals von Klein vertreten wurde.[111] In diese Phase fällt auch der Rücktritt Bauers als Staatssekretär für Äußeres[112] in der Hoffnung, dadurch die österreichische Position bei den Friedensverhandlungen verbessern zu können.[113] Eine ausführliche Antwort auf die Friedensbedingungen vom 20. Juli 1919 erging am 6. August 1919,[114] dem

104 So berichtet die österreichischen Korrespondenten bereits am 19.5.1919 davon, dass auch von Österreich Reparationen gefordert und zu deren Eintreibung eine Kommission eingesetzt werden solle, obwohl der Teil über die Reparationen erst im 2. Entwurf vom 20. 7. enthalten war. Vgl. Stimmungsbild aus Saint-Germain, in: Briefe, 63–67, 66.

105 Note von Clemenceau vom 29. 5. über die Verschiebung der Übergabe der Friedensbedingungen, Friedensdelegation, Bericht, I, 28.

106 Siehe auch Fellner, St. Germain, 95.

107 Vgl. Schüller, Finis Austriae, in: Unterhändler des Vertrauens, 237. Siehe auch die Note an Clemenceau vom 3.6.1919, Friedensdelegation, Bericht, I, 72.

108 Vgl. Klein und die Friedensverhandlungen, in: Briefe, 24.

109 „Endgültige Friedensbedingungen".

110 Friedensdelegation, Bericht, II, 10–53.

111 Vgl. FN 108.

112 Schreiben des Staatssekretärs für Äußeres Bauer an Präsidenten der Nationalversammlung Seitz, 25.7.1919, AdÖ, vol. II: Im Schatten von Saint-Germain. 15. 3. bis 10.9.1919, München 1994, 377f.

113 Vgl. Schüller, Finis Austriae, in: Unterhändler des Vertrauens, 240. Für Fellner, St. Germain, 98, steht der Rücktritt Bauers im Zusammenhang mit einem klaren Kurswechsel der Friedensdelegation hin zu einer Aufgabe territorialer Forderungen sowie des Anschlusses an das Deutsche Reich.

114 Friedensdelegation, Bericht, II, 78–295.

Tag der Abreise des Kanzlers und des großteils der noch in Paris verbliebenen Delegationsmitglieder.[115] In dieser letzten Phase gewann die parlamentarische Tätigkeit verstärkt an Bedeutung. Renner reiste insgesamt zwei Mal nach Wien, um dort Bericht an den Hauptausschuss zu erstatten und wurde am 6. September 1919 vom Plenum zur Unterzeichnung des Vertrags ermächtigt.[116] Nach der Unterzeichnung in St. Germain verblieben eines der Delegationsmitglieder und zwei Hilfskräfte zur Abwicklung bis auf Weiteres in St. Germain.[117]

Mit Blick auf die Friedenskonferenz allgemein tritt die Bedeutung des Überreichens der beiden Entwürfe im Vergleich zur Unterzeichnung des deutschen Friedensvertrags am 28. Juni 1919 und der anschließenden Änderung der Konferenzorganisation zurück; allenfalls könnte die erste Phase noch in die 14-tägige Frist, die den Deutschen zur Beantwortung ihrer Friedensbedingungen gewährt worden war und während der sich der Viererrat daher verstärkt auf den österreichischen (und ungarischen[118]) Vertrag konzentrieren konnte[119], und der Schlussphase der Beratungen über den Versailler Vertrag, in der die Beratungen parallel stattfanden[120], unterteilt werden. Als am 30. April 1919 im Viererrat (ohne Italien) die Einladung an Österreich Gestalt annahm, war man sich bewusst, dass man nur die Grundzüge des österreichischen (und ungarischen) Vertrages verhandeln können würde[121]: Abgesehen von der Anerkennung seiner Unabhängigkeit durch eine Klausel im deutschen Vertrag, waren im Obersten Rat kaum mehr als die Adriafrage, die in der Abreise der italienischen Vertreter ihren vorläufigen Höhepunkt gefunden hatte, diskutiert worden; die einschlägigen Kommissionen wurden dazu angehalten, ihre Arbeiten bis 12. Mai 1919

115 Vgl. ebd., 4.

116 Vgl. ebd., 5f.

117 Vgl. ebd., 7.

118 Wie die Beratungsprotokolle des Viererrates zeigen, wurden in den vorgelegten Entwürfen zunächst Österreich und Ungarn regelmäßig in einem Atemzug genannt.

119 Diese „Pause“ war vom Viererrat bewusst zur Einladung der österreichischen Delegation gewählt worden, vgl. Besprechung Viererrat vom 30.4.1919, FRUS, PPC 1919, V, 368, URL: https://history.state.gov/historicaldocuments/frus1919Parisv05/d33 (abgerufen 14.7.2019).

120 Ein eindrückliches Beispiel bietet das Protokoll über die Sitzung des Viererrats am 2. Juni, die im Anschluss an die Übergabe des 1. Entwurfes stattfand, und in der zunächst über die Klagenfurter Frage und danach über den deutschen Vertrag diskutiert wurde. Vgl. Besprechung Viererrat, 2.6.1919, FRUS, The Paris Peace Conference 1919, vol. VI, hg. v. United States Department of States, Washington 1946, 138–146, URL: https://history.state.gov/historicaldocuments/frus1919Parisv06/d19 (abgerufen 12.7.2019).

121 Vgl. Besprechung Viererrat vom 30.4.1919, FRUS, PPC 1919, V, 368f, URL: https://history.state.gov/historicaldocuments/frus1919Parisv05/d33 (abgerufen 14.7.2019). Damit wurde der Hinweis Hankeys abgetan, dass das Entwurfskommitee mit dem deutschen Vertrag so überarbeitet war, „that he felt confident they could not possibly prepare the Austrian Treaty in so short a time.“ Ebd., 369.

abzuschließen.[122] Nichtsdestotrotz lag selbst Ende Mai der österreichische, ebenso wie der ungarische, bulgarische und türkische Vertrag „still in bits and pieces around Paris, in this committee or that commission“[123]. Schließlich kristallisierte sich im Viererrat nach einer Idee Lloyd Georges die dann gewählte Vorgehensweise heraus, sich bestimmte Themen noch vorzubehalten und nur einen Teilentwurf zu übergeben.[124] Bis zu seiner Auflösung beriet der Viererrat den österreichischen Vertrag in unterschiedlicher Intensität, wobei vor allem den finanziellen Bestimmungen und denen über die Reparationen sowie der Klagenfurter Volksabstimmung Aufmerksamkeit geschenkt wurde.

IV. Schluss

Wenngleich sich die Erfolge der deutschösterreichischen Friedensdelegation angesichts der großen Enttäuschung, als die sich der Vertrag von St. Germain der deutschösterreichischen Hoffnungen von der Übergabe des ersten Entwurfes an herausgestellt hatte[125], bescheiden ausnahmen, war es dennoch gelungen, punktuell Verbesserungen zu erreichen: So trugen beispielsweise die finanziellen Bestimmungen der Auflösung der Monarchie Rechnung, nahmen von der Konfiszierung des Eigentums deutschösterreichischer Staatsangehöriger in den Territorien der ehemaligen Monarchie Abstand und gewährten einige Erleichterungen[126]; auch bei den Minderheitenschutzbestimmungen wurde das Anknüpfungskriterium des Wohnsitzes zugunsten des Heimatrechts abgeändert.[127] Weitgehend unabhängig vom Wirken der Delegation erfolgte dagegen die Miteinbeziehung der Nachfolgestaaten in das Minderheitenschutzsystem[128] und der Ausgleich bezüglich der Reparationsforderungen im Rahmen der „Befreiungsbeiträge“.[129]

122 Vgl. Besprechung Viererrat in Anwesenheit der japanischen Vertreter, 1. 5. 1919, FRUS, PPC 1919, V, 406, URL: https://history.state.gov/historicaldocuments/frus1919Parisv05/d37 (abgerufen 14. 7. 2019).

123 MacMillan, Peacemakers, 360.

124 Vgl. Besprechung Viererrat, 26. 5. 1919, FRUS, PPC 1919, VI, 27–30, URL: https://history.state.gov/historicaldocuments/frus1919Parisv06/d3 (abgerufen 14. 7. 2019). Dies betraf anfänglich nur die Reparationen und militärischen Bestimmungen.

125 Vgl. etwa die diesbezüglich übereinstimmenden ersten Eindrücke bei Schüller, Finis Austriae, in: Unterhändler des Vertrauens, 236 und die Schilderungen Kleins vom 3. Juni, in: Briefe, 114–117 sowie die Erklärung Renners für die Presse vom Tag der Überreichung, abgedruckt ebd., 112 f.

126 Vgl. Schüller, Finis Austriae, in: Unterhändler des Vertrauens, 238.

127 Vgl. Kalb, Kommentar, 15 f.

128 Hier war der bereits erwähnte kleine Versailler Vertrag beispielgebend, vgl. FN 11.

129 Vgl. zu den Reparationen und Nachfolgestaaten Bansleben, Reparationen, 48–76.

Einer grundlegend anderen Behandlung standen freilich durch die Stellung Österreichs auf der Gegenseite Hindernisse im Wege: Hatte anfangs noch Orlando im Namen Italiens gegen das von Wilson (wiederholt)[130] zum Ausdruck gebrachte „general understanding that Austria should be treated somewhat differently from Germany"[131] protestiert, und damit die anglo-amerikanische Übereinstimmung, gemeinsame Beratungen der jeweiligen Experten verhindert[132], war mit der Auflösung des Rats der Vier Ende Juni 1919 eine wesentliche Änderung der Friedensbedingungen schon aus dem Grund unwahrscheinlich geworden, dass nunmehr die wichtigen Entscheidungen nicht mehr auf der Konferenz getroffen wurden.[133] Von der – durch die bereits vor Eröffnung der Vorfriedenskonferenz getroffene Entscheidung, mit den ehemaligen Kriegsgegnern separate Verträge abzuschließen – theoretisch eröffneten Möglichkeit einer flexibleren Ausgestaltung der einzelnen Verträge, wurde somit nur in Ansätzen Gebrauch gemacht.

Darüber hinaus sollte jedoch die Wirkung des Auftretens der Delegation nicht außer Acht gelassen werden. Bereits der Verfasser der „Instruktion für die Delegation zum Pariser Friedenskongreß"[134] hatte konstatiert, „daß es für Österreich nicht zweckmäßig wäre, das Verhalten der reichsdeutschen Delegation nachzuahmen. [...] Ich glaubte, daß es für unsere Stellung zu den Vertretern der gegnerischen Mächte nur nützlich ist, wenn wir mit allem Nachdruck jedes Mal hervorheben, daß wir sehr gut wissen, daß wir besiegt und machtlos sind und daß die Entente in der Lage ist, uns den Frieden zu diktieren."[135] Waren die Alliierten und Assoziierten bereits vor Eintreffen der Delegation geneigt gewesen, Österreich vergleichsweise schonender zu behandeln[136] (wenngleich dies aus Sicht der Österreicher aus den Friedensbedingungen nicht hervorging), so gab das Verhalten der Delegation keinen Anlass, diese Einstellung zu verändern. Im Gegenteil: Die deutschösterreichische Friedensdelegation hinterließ einen positiven Eindruck,[137] der nicht nur, wie Klein zynisch anmerkt, darauf zurückzuführen ist, dass „die Pariser [...] trotz der Feindschaft, welche der Krieg

130 Vgl. Besprechungen des Viererrats vom 26. und 27. 5. 1919, FRUS, PPC 1919, VI, 27 bzw. 67, URL: https://history.state.gov/historicaldocuments/frus1919Parisv06/d3 bzw. https://history.state.gov/historicaldocuments/frus1919Parisv06/d8 (abgerufen 14. 7. 2019).

131 Vgl. Besprechung des Viererrats, 26. 5. 1919, FRUS, PPC 1919, VI, 27, URL: https://history.state.gov/historicaldocuments/frus1919Parisv06/d3 (abgerufen 14. 7. 2019).

132 Hingegen sollten sich bei den Diskussionen um die Kärntner Volksabstimmung die Italiener als unterstützend für die österreichischen Interessen erweisen, vgl. MacMillan, Peacemakers, 262f.

133 Siehe oben unter 2.

134 Siehe FN 88.

135 Kritisch und als Ausdruck des Grunddilemmas der widersprüchliche Haltung Deutschösterreichs jedoch Fellner, St. Germain, 85f.

136 Vgl. MacMillan, Peacemakers, 255f.

137 Vgl. ebd., 258.

gebracht hat, [...] ihre Liebe zur Wiener Operettenmusik nicht aufgeben [konnten], daß sie alles, was aus Wien kommt mit der Erinnerung an die leicht geschürzte Walzermuse umgeben und überall die Operette sehen."[138] Vor Übergabe der Friedensbedingungen wurde nicht nur die „air débonnaire et souriant" Renners bemerkt, sondern es fanden auch der Ton und die Anerkennung der Position der Siegermächte in der Rede Renners Anklang: „Le discours pondérè de M. Renner, et la condescendance dont il a témoigné en s'exprimant en francais semblent lui avoir concilié l'attention de ses auditeurs."[139] Die beiden Antwortnoten der Alliierten vom 10. Juli 1919 waren „friendly in tone and contained some valuable concessions."[140] Auch wenn die Gesuche um persönliche Verhandlungen grundsätzlich ungehört verhallten, wurde in einem Fall eine Ausnahme gewährt: Als die an Clemenceau als Präsidenten der Konferenz adressierte Bitte Renners, General Slatin direkt mit der Kommission zu den Kriegsgefangenen in Kontakt treten zu lassen, von Wilson unter den Großen Drei verlesen wurde, einigte man sich ohne weitere Diskussion darauf, die Kommission dazu zu ermächtigen.[141] Somit hatte sowohl in diesem Fall, als auch in Bezug auf die Völkerbundnote, auch die „Personalpolitik" der Kommission (bescheidene) Früchte getragen.

Letzten Endes stellte das Auftreten der Kommission auch die Weichen für das künftige Auftreten und die internationale Wahrnehmung der neuen Republik. Neben dem politischen Interesse an dem Fortbestand und der Stabilisierung des neuen Staates, dessen größte Bedrohung von seinem eventuellen Zusammenbruch ausging, bildete es die Grundlage für die gegenüber Österreich oft nachsichtige Haltung – nicht nur bei Durchführung des Vertrags von St. Germain.

138 Brief Kleins vom 19.5.1919, in: Briefe, 65.

139 A Saint-Germain. Le Texte de Traité a été remis aux Autrichiens. Le Docteur Renner l'a reçu avec soumission, Action Française, 3.3.1919, 3, URL: https://gallica.bnf.fr/ark:/12148/bpt6k760164r/f3.item (abgerufen 15.7.2019); auch Klein (in: Briefe, 116) berichtet in seinem Brief vom 4.6.1919, das „wir dabei sehr gut abgeschnitten [haben]".

140 Schüller, Finis Austriae, in: Unterhändler des Vertrauens, 239. Die Zugeständnisse bezogen sich auf die finanziellen Bestimmungen; die Völkerbundnote enthielt neben dem Dank für die deutschösterreichischen Vorschläge das Versprechen, einige von ihnen an den zu schaffenden Rat des Völkerbundes weiterzuleiten und Deutschösterreich so bald als möglich nach Ratifikation des Vertrages den Beitritt zu ermöglichen.

141 Vgl. Besprechung vom 28.5.1919, FRUS, PPC VI, 84, URL: https://history.state.gov/historicaldocuments/frus1919Parisv06/d12 (abgerufen 14.7.2019). Slatin wurde in weiterer Folge auch der Besuch eines Gefangenenlagers gestattet, vgl. Friedensdelegation, Bericht II, 4.

Herbert Kalb

Minderheitenschutzrechte und der Vertrag von St. Germain-en-Laye – ein (rechts-)historischer Überblick[1]

In seinem 14 Punkte Programm, der berühmten Friedensbotschaft vom 8. Januar 1918 an den amerikanischen Kongress, plädierte Präsident Wilson in der ihm eigenen Unbestimmtheit für „eine allgemeine Vereinigung der Nationen …, welche eine gegenseitige Sicherung bilden werden für die politische Unabhängigkeit und territoriale Unverletzlichkeit der kleinen wie der großen Nationen".[2] Wilsons Völkerbundidee und damit auch einhergehend die Gewährleistung von Minderheitenschutzrechten waren das wohl innovativste Projekt der „peacemaker" in Paris und sein zentrales Anliegen.

Streng genommen dürfte man in diesem Fall nicht von der Mehrzahl der Friedensmacher sprechen, denn dieses Projekt war die Herzensangelegenheit von Präsident Wilson. Es hatte für ihn eine geradezu religiöse Bedeutung. Nicht

1 Modifizierter Vorabdruck der Kommentierung der Art. 59–82 in: Herbert Kalb/Thomas Olechowski/Anita Ziegenhofer (Hg.), Vertrag von Saint Germain. Kommentar, Wien 2020 (dzt. i. Druck).

2 Abdruck bei Susanne Brandt, Das letzte Echo des Krieges. Der Versailler Vertrag, Stuttgart 2018, 206–222. In den 14 Punkten finden sich neben allgemein gehaltenen grundsätzlichen Anliegen – Schaffung eines Völkerbundes („eine allgemeine Vereinigung der Nationen"), Abschaffung der Geheimdiplomatie, Freiheit der Schifffahrt auf den Weltmeeren in Friedens- wie Kriegszeiten, möglichste Beseitigung aller wirtschaftlichen Schranken und Gleichheit der Handelsbeziehungen für sämtliche friedensschließenden Staaten, allgemeine Abrüstung – auch konkrete Forderungen über die zukünftige territoriale Gestaltung: Einvernehmliche Regelung aller kolonialer Streitfragen unter Berücksichtigung der Interessen der betroffenen Bevölkerung, vollständige militärische Räumung Russlands und Regelung der Russland betreffenden Fragen unter Einbeziehung Russlands als vollwertigen Partner, Wiederherstellung Belgiens, Rückgabe Elsass-Lothringens an Frankreich, Berichtigung der Grenzen Italiens nach „klar erkennbaren Scheidelinien, welche die Nationalitäten umgrenzen", autonome Entwicklung der Völker Österreich-Ungarns, Räumung und Wiederherstellung Rumäniens, Serbiens und Montenegros, sowie Schaffung eines freien und sicheren Zugangs zum Meer für Serbien, Selbständigkeit für die türkischen Teile des osmanischen Kaiserreichs sowie ungehinderte und autonome Entwicklung anderer Nationalitäten, die unter türkischer Herrschaft stehen sowie internationale Kontrolle der Dardanellen, Neuerrichtung eines unabhängigen polnischen Staates mit freiem Zugang zum Meer und Einbeziehung aller Gebiete, die „von unbestritten polnischer Bevölkerung" bewohnt sind.

zufällig bezeichnete Wilson die Völkerbundsatzung als „Covenant", ein Begriff, mit dem in der englischen Sprache ein göttlicher Gnadenbund mit den Menschen benannt wird.[3]

Wilsons Vision für einen friedlichen Wandel der Machtverhältnisse ist eng verbunden mit dem Prinzip der Selbstbestimmung als Alternative und Konkurrenz zum Siegerrecht. Allerdings, merkt Margaret MacMillan zu Recht an: „Von allen Ideen, die Wilson nach Europa mitbrachte, war und ist die der Selbstbestimmung eine der umstrittensten und unklarsten."[4] So schickte etwa während der Friedenskonferenz der Leiter der amerikanischen Botschaft in Wien wiederholt Anfragen nach Paris und Washington, erhielt aber nie eine Antwort.[5]

Einflussreich für den Erfolg der Ausdrücke „Selbstbestimmung, Selbstbestimmungsrecht der Völker" wie den jeweiligen Entsprechungen in anderen Sprachen war die Konzeption von Wladimir Iljitsch Lenin, wonach jedem Volk ein Recht auf staatliche Unabhängigkeit, auf Souveränität, auf nationale Selbstbestimmung zukomme. Auch das Selbstbestimmungsrecht Kolonialisierter spielte in der Propaganda der Bolschewiki eine große Rolle, Lenin propagierte ein „Recht der Lostrennung". Demgegenüber identifizierte Wilson Selbstbestimmung weitaus weniger radikal mit der als Demokratie verstandenen Selbstregierung. Für ihn war mit Selbstbestimmung die Selbstregierung gemeint, die der Demokratisierung dienen und das Entstehen autoritärer Staaten verhindern sollte.[6] Bemerkenswert ist, dass das Leninsche Verständnis sich in der Wahrnehmung durchsetzte, jedoch, wie Jörg Fisch verdeutlichte: „Das Publikum teilte die Leninsche Auffassung des Selbstbestimmungsrechts, nicht die Wilsonsche, aber man wollte sie aus dem Munde Wilsons, nicht Lenins hören. Man hörte Wilson zu, aber man hörte aus ihm Lenin sprechen."[7] „In part under pressure from the Bolsheviks in Russia" – so Leonhard V. Smith – „Wilson's ‚self-

3 Eckart Conze, Die große Illusion. Versailles 1919 und die Neuordnung der Welt, München 2018, 228f; Jörn Leonhard, Der überforderte Frieden. Versailles und die Welt 1918–1923, München 2018, 687f.

4 Margaret MacMillan, Die Friedensmacher. Wie der Versailler Vertrag die Welt veränderte, Berlin 2015, 39.

5 Ebd.

6 Vgl. Wolfgang Heidelmeyer, Das Selbstbestimmungsrecht der Völker. Zur Geschichte und Bedeutung eines internationalen Prinzips in Praxis und Lehre von den Anfängen bis zu den Menschenrechtspakten der Vereinten Nationen, Paderborn 1973, 46f; Uwe Kränke, Selbstbestimmung. Zur gesellschaftlichen Konstruktion einer normativen Leitidee, Weilerswist 2007, 48ff; Jörg Fisch, Die Geschichte des Selbstbestimmungsrechts der Völker, oder der Versuch, einem Menschenrecht die Zähne zu ziehen, in: Peter Hilpold/August Reinisch (Hg.), Das Selbstbestimmungsrecht der Völker. Vom umstrittenen Prinzip zum vieldeutigen Recht?, Frankfurt am Main 2009, 45–74; Jörg Fisch, Das Selbstbestimmungsrecht der Völker. Die Domestizierung einer Illusion, München 2010, 133–157.

7 Fisch, Das Selbstbestimmungsrecht der Völker, 155.

determination‘ morphed over the cours of the conference into the far better known ‚national self-determination‘“.[8]

Allerdings sahen die Alliierten im Konzept der „Selbstbestimmung“ eine Bedrohung ihrer Souveränität. Bei Gestaltung der Grenzziehungen trat daher das von Wilson formulierte Selbstbestimmungsrecht zunehmend in den Hintergrund, die Konferenz sah aber unter anderem in der Einführung eines allgemeinen Minderheitenschutzsystems ein Stabilisierungssubstitut mit dem Ziel der Konfliktprävention. Die Bemühungen Wilsons, allgemeine Minderheitenschutzbestimmungen in die Völkerbundsatzung aufzunehmen scheiterten jedoch kläglich. Letztlich wurde keine Minderheitenschutzbestimmung in die Satzung aufgenommen, es war kein Konsens zu erzielen, Minderheitenschutzgewährleistungen mit allgemeiner Wirkung und somit auch mit Wirkung gegenüber den Siegermächten in einem multilateralen Instrument zu verankern.[9] Anfangs hatte es noch eine Bereitschaft für die Aufnahme einer Religionsfreiheitsklausel gegeben, mit der Forderung Japans um Ergänzung dieser Klausel durch das Prinzip der Gleichheit aller Rassen, verschwand auch diese Billigung.[10]

Um wenigstens einen partikulären Minderheitenschutz zu etablieren, wurde am 1. Mai 1919 eine Kommission für neue Staaten und Minderheitenschutz eingerichtet. Beträchtlichen Einfluss auf die Kommissionstätigkeit hatte das „Comité des délegations juives auprés de la Conférence de la paix“, das aber mit seinen Vorstellungen von kollektivem und nicht nur individuellem Minderheitenschutz nicht durchdrang.[11] Durchgesetzt wurde im Ergebnis die Garantie eines individuellen Minderheitenschutzes. Sowohl die Alliierten, als auch die betroffenen Minderheitenstaaten, fürchteten im Falle einer Gewährleistung von Kollektivrechten für Minderheiten, also einer damit verbundenen Anerkennung von Kollektivsubjekten, eine Beeinträchtigung der Souveränität und nationalen Einheit des jeweiligen Staates.

8 Leonard V. Smith, Sovereignty at the Paris Peace Conference of 1919, Oxford 2018, 35.

9 Vgl. Sarah Pritchard, Der völkerrechtliche Minderheitenschutz. Historische und neuere Entwicklungen, Berlin 2001, 72f; Peter Hilpold, Minderheitenschutz im Völkerbundsystem, in: Christoph Pan/Beate Sybille Pfeil (Hg.), Zur Entstehung des modernen Minderheitenschutzes in Europa. Handbuch der europäischen Volksgruppen, Bd. 3, Wien/New York 2006, 156–189, 160.

10 Vgl. MacMillan, Die Friedensmacher, 419–426; Klaus Schwabe, Versailles. Ein Wagnis eines demokratischen Friedens 1919–1923, Paderborn 1919, 61.

11 Erwin Viefhaus, Die Minderheitenfrage und die Entstehung der Minderheitenschutzverträge auf der Pariser Friedenskonferenz, Würzburg 1960, 89ff; Martin Scheuermann, Minderheitenschutz contra Konfliktverhütung? Die Minderheitenpolitik des Völkerbundes in den zwanziger Jahren, Marburg 2000, 22; Pritchard, Der völkerrechtliche Minderheitenschutz, 73f.

Das in Paris geschaffene System sah vier Formen des Minderheitenschutzes vor[12]: Minderheitenschutzbestimmungen in den Friedensbestimmungen[13], auf der Friedenskonferenz vereinbarte Minderheitenschutzverträge[14], Minderheitenschutzerklärungen als Voraussetzung für die Aufnahme in den Völkerbund[15], sowie bilaterale Verträge[16].

Unübersehbar sind terminologische Unschärfen der Minderheitenschutzverträge. Für den im Völkervertragsrecht verorteten Begriff „Minderheit" sind völkerrechtliche Überlegungen zu seiner Auslegung anzustellen. Die Verträge enthalten allerdings keine Definition der „Minderheit", sondern das Schutzobjekt „Minderheit" wird vorausgesetzt. Ohne nähere Konkretisierungen wird auf ethnischen, religiösen oder sprachlichen Minderheiten angehörende Staatsbürger sowie Personen, die auf dem Gebiet des Staates wohnen und nach Rasse, Religion oder Sprache nicht zur Mehrheit der Bevölkerung gehören, abgestellt.[17]

12 Abdruck der relevanten Bestimmungen bei Herbert Kraus, Das Recht der Minderheiten. Materialien zur Einführung in das Verständnis des modernen Minoritätenproblems, Berlin 1927.

13 Friedensvertrag von St. Germain-en-Laye mit Österreich, Friedensvertrag von Neuilly-sur-Seine mit Bulgarien (27.11.1919), Friedensvertrag von Trianon mit Ungarn (4.6.1920), Friedensvertrag von Lausanne mit der Türkei (24.7.1923).

14 Der Vertrag von Versailles mit Polen (28.6.1919), der Vertrag von St. Germain-en Laye mit dem Serbisch Kroatisch-Slowenischen Staat (10.9.1919), der Vertrag von St. Germain-en-Laye mit der Tschechoslowakei (10.9.1919), der Vertrag von Paris und Rumänien (9.12.1919) sowie der Vertrag von Sèvres mit Griechenland (10.8.1920), abgeändert und ersetzt durch den Vertrag von Lausanne (24.7.1923).

15 Am 15.12.1920 beschloss die Bundesversammlung, die Aufnahme in den Völkerbund von entsprechenden Minderheitenschutzerklärungen abhängig zu machen.

16 Wie z.B. das Pariser Abkommen zwischen Polen und der Freien Stadt Danzig (9.11.1920); finnisch-schwedisches Abkommen über die Ålands-Inseln (27.6.1921); deutsch-polnisches Abkommen über Oberschlesien (15.5.1922), zwischen den Alliierten und Assoziierten Hauptmächten und Litauen abgeschlossene Memelstatut (8.5.1924).

17 Der Begriff „race" wurde von amerikanischer Seite in die Friedensverhandlungen eingebracht und wurde im angloamerikanischen Sprachgebrauch für Gruppen verwendet, die in der Habsburgermonarchie mit „Nationalitäten" umschrieben wurden und im modernen Sprachgebrauch als „ethnic groups" bezeichnet werden. Mit diesem Begriff sollte den Befürchtungen jüdischer Organisationen Rechnung getragen werden, wonach der Schutz „nationaler" Minderheiten für die Juden nicht ausreichend sein könnte. Der Begriff „nationale Minderheiten" wurde zur Vermeidung „etatistischer Aspirationen" der zahlreichen Minderheiten in den neuen Staaten aus den Vertragsentwürfen im Kontext der Minderheitenschutzbestimmungen beseitigt (Margarete Grandner, Staatsbürger und Ausländer. Zum Umgang Österreichs mit den jüdischen Flüchtlingen nach 1918, in: Gernot Heiss/Oliver Rathkolb (Hg.), Asylland wider Willen. Flüchtlinge in Österreich im europäischen Kontext seit 1914, Wien 1995, 60–85, 68); vgl. ausführlich Dieter Kolonovits, Rechtsfragen des Wiedererwerbs der österreichischen Staatsbürgerschaft durch Opfer des Nationalsozialismus (Vertriebene) nach österreichischem Staatsbürgerschaftsrecht, in: Dieter Kolonovits/Hannelore Burger/Harald Wendelin (Hg.), Staatsbürgerschaft und Vertreibung, Wien/München 2004, 7–238, 50f; Gerald Stourzh, Ethnic Attribution in Late Imperial Austria: Good Intention, Evil Consequences, in: Ritchie Robertson/Edward Timms (Hg.), The Habsburg Legacy.

Die Verträge selbst sehen keine Klärung über die Feststellung der jeweiligen Zugehörigkeit, wie etwa ein Abstellen auf das jeweilige subjektive Bekenntnis bzw. eine Kombination von subjektiven und objektiven Faktoren vor.[18]

Grundlage und „Blaupause" für die Minderheitenschutzbestimmungen war der Polen abverlangte Vertrag (28. Juni 1919)[19].

In der Aushandlung des Vertrages wurde einigen Bedenken Polens Rechnung getragen, was zu einer Einschränkung von Rechten führte. Dies betraf vor allem die Rechte der jüdischen Volksgruppe. Trotz Konzessionen herrschten in Polen weiterhin Bedenken gegen die Unterfertigung. Der „kleine Versailler Vertrag" spielte in der Ratifizierungsdebatte im Sejm „eine beinahe überdimensionale Rolle, […] die flammenden Reden im Parlament unterschieden sich aber seltsamerweise nicht wesentlich von den gleichzeitigen Tiraden über den ‚Schandfrieden' im Deutschen Reichstag".[20]

Bei Übernahme der Bestimmungen des polnischen Mustervertrages wurde in den jeweiligen vertraglichen Konkretisierungen nur in wenigen materiellen Einzelbestimmungen abgewichen, Anforderungen, die sich aus der Berücksichtigung gewisser innerstaatlicher Besonderheiten ergaben. So wurden über die allgemeinen Bestimmungen des PolenV hinausgehend diese verschiedentlich durch Sonderbestimmungen ergänzt. Diese Konkretisierungen betrafen den Schutz von Minderheitenreligionen, wie die Sicherstellung einer ungestörten Feiertagsheiligung (z.B. für Juden in Polen, Litauen, Deutsch-Oberschlesien, Griechenland, nicht-muslimische Minderheiten in der Türkei, muslimische

National Identity in Historical Perspective, Austrian Studies V (1994), 67–83, 79ff; Viefhaus, Die Minderheitenfrage, 109ff.

18 Vgl. Dieter Kolonovits, Rechte der Minderheiten, in: Detlef Merten/Hans-Jürgen Papier (Hg.), Handbuch der Grundrechte in Deutschland und Europa, Bd. VII/1: Grundrechte in Österreich, Heidelberg ^{2}2014, 817–855, 837f; eine juristisch operationable Begriffsbestimmung auf der Folie der historischen Entwicklung bietet Francesco Capotorti, Minorities, in: Encyclopedia of Public International Law, Vol. 8, Amsterdam/New York/Oxford 1985, 385–395, 385: „a minority is a group which is numerically inferior to the rest of the population of a State and in a non dominant position, whose members possess ethnic, religious or linguistic characteristics which differ from those of the rest of the population and who, if only implicitly, maintain a sense of solidarity directed towards preserving their culture, traditions, religion or language".

19 Im Folgenden PolenV; in Kraft getreten am 10.1.1920, abgedruckt bei Kraus, Das Recht der Minderheiten, 50–71; hierzu grundlegend Carol Fink, The Minorities Question at the Paris Peace Conference: The Polish Minority Treaty, June 28, 1919, in: Manfred F. Boemeke/Gerald D. Feldmann/Elisabeth Glaser (Hg.), The Treaty of Versailles. A reassessment after 75 Years, Cambridge 1998, 249–274; Carol Fink, Defending the Rights of Others. The Great Powers, the Jews, and International Minority Protection, 1878–1938, Cambridge 2004, 135ff.

20 Włodzimierz Borodziej, Geschichte Polens im 20. Jahrhundert, München 2010, 109; Zur Sichtweise der Alliierten und Assoziierten Hauptmächte vgl. auch das Schreiben des französischen Ministerpräsidenten Clemenceau an den polnischen Ministerpräsidenten Paderewski vom 24.6.1919 (abgedruckt bei Kraus, Das Recht der Minderheiten, 43ff); Viefhaus, Die Minderheitenfrage, 207ff.

Minderheiten in Griechenland), sowie den Schutz religiöser Anstalten und Erleichterung bei deren Errichtung (z. B. für Muslime im SHS Staat, Griechenland, nicht muslimische Minderheiten in der Türkei, „communautés religieuses minoritaires existants en Irak"), sowie Gewährleistungen einer „kulturellen"- wie Personalautonomie in Religions- und Schulfragen (z. B. Regelung des familien- und personenrechtlichen Status der Muslime im SHS Staat, Autonomie der nicht griechischen Klostergemeinschaften am Athosberg).[21]

Art. 1 verpflichtet Polen, die ersten acht Artikel als „lois fondamentales" anzuerkennen, keine Rechtsnorm oder amtliche Handlung darf den Vertragsbestimmungen entgegenstehen.

Art. 2 enthält die Verpflichtung, allen Einwohnern ohne Unterschied der Geburt, der Staatsangehörigkeit, der Sprache, der Rasse oder der Religion den Schutz des Lebens und der Freiheit zu gewähren. Weiters wird allen Einwohnern das Recht auf uneingeschränkte öffentliche wie private Ausübung jeden Bekenntnisses, jeder Religion oder Weltanschauung gewährleistet, sofern deren Betätigung nicht mit der öffentlichen Ordnung und den guten Sitten unvereinbar ist.

Art 3–6 regeln die Staatsangehörigkeit: Art. 3 sieht vor, dass als polnische Staatsangehörige rechtmäßig und ohne Förmlichkeiten Personen österreichischer, ungarischer oder russischer Nationalität anerkannt werden, die im Augenblick des Inkrafttretens des Vertrages in dem Gebiet wohnen, welches als Teil Polens schon anerkannt ist oder noch wird, unbeschadet aller Bestimmungen der Friedensverträge mit Deutschland und Österreich hinsichtlich jener Personen, die in diesen Gebieten nach einem bestimmten Datum ihren Wohnsitz nehmen. Diesen Personen, die über 18 Jahre alt sind, steht auch ein Recht auf Option zu. Die Option des Ehemannes schließt die der Ehefrau ein, die der Eltern diejenigen ihrer Kinder unter 18 Jahren. Personen, die vom Optionsrecht Gebrauch machen, hatten 12 Monate Zeit, um ihren Wohnsitz in den optierten Staat zu verlegen. Es stand ihnen frei, ihr unbewegliches Eigentum im polnischen Gebiet zu behalten und ihr bewegliches Eigentum ohne Ausfuhrzoll mitzunehmen.

Stellte Art. 3 für den Kreis der Optanten auf das Wohnsitzprinzip ab, so orientiert sich der Personenkreis zur Ausübung der Option nach Art. 4 am Geburtsprinzip. Als polnische Staatsangehörige werden rechtmäßig und ohne jede Förmlichkeit Personen deutscher, österreichischer, ungarischer oder russischer Nationalität anerkannt, deren Eltern den Wohnsitz in dem in Art. 3 genannten Gebiet hatten, auch wenn sie selbst ihren Wohnsitz zur Zeit des Inkrafttretens des Vertrages dort nicht haben. Innerhalb von zwei Jahren kann aber auch eine Verzichtserklärung hinsichtlich der polnischen Staatsbürgerschaft abgegeben

21 Pritchard, Der völkerrechtliche Minderheitenschutz, 82–84.

werden. Auch in dieser Hinsicht gilt die Erklärung des Ehemannes verbindlich für die Ehefrau, die der Eltern für Kinder unter 18 Jahre.

In Art. 5 verpflichtet sich Polen die Ausübung des Optionsrechts in keiner Weise zu behindern, gemäß Art. 6 wurde allen Personen, die im polnischen Hoheitsgebiet geboren wurden und keine andere Staatsangehörigkeit für sich geltend machen konnten, die polnische Staatsangehörigkeit gewährt.

Art. 7 erkennt allen polnischen Staatsangehörigen ohne Unterschied der Rasse, Sprache oder Religion die Gleichheit vor dem Gesetz sowie den Genuss der gleichen bürgerlichen und politischen Rechte zu. Der Unterschied der Religion, der Weltanschauung oder des Bekenntnisses darf ihnen im Genuss der bürgerlichen oder politischen Rechte bei der Zulassung zu ehrenamtlichen und öffentlichen Ämtern oder bei der Ausübung der verschiedenen Berufe und Ämter nicht schaden. Kein polnischer Staatsangehöriger darf in privaten und wirtschaftlichen Beziehungen, auf dem Gebiet der Religion, der Presse oder bei Veröffentlichungen jeder Art, noch in öffentlichen Versammlungen im freien Gebrauch einer Sprache beeinträchtigt werden. Unbeschadet des Rechts der polnischen Regierung eine Staats- und Amtssprache festzulegen, sind nicht polnisch sprachigen Staatsangehörigen angemessene Erleichterungen für den mündlichen und schriftlichen Gebrauch ihrer Sprache vor Gerichten zu gewähren.

Art. 8 sieht für alle polnischen Staatsangehörigen, die zu einer rassischen, religiösen oder sprachlichen Minderheit gehören, Gleichbehandlung und die gleichen rechtlichen und tatsächlichen Sicherheiten, wie sie allen anderen polnischen Staatsangehörigen eingeräumt sind, vor. Insbesondere sollen sie das gleiche Recht haben, auf ihre Kosten Wohlfahrts-, religiöse oder soziale Einrichtungen sowie Schulen und andere Erziehungsanstalten zu errichten, leiten und zu beaufsichtigen und in ihnen ihre Sprache frei zu gebrauchen und ihre Religion frei auszuüben.

Art. 9 verpflichtet Polen zur Schaffung angemessener Erleichterungen, damit Kindern fremdsprachiger polnischer Staatsangehörigen in der Grundschule Unterricht in ihrer eigenen Sprache erteilt wird; die Möglichkeit der polnischen Regierung die polnische Sprache zum Pflichtgegenstand zu machen, bleibt davon unberührt. In Städten und Bezirken mit rassischen, religiösen oder sprachlichen Minderheiten in beträchtlichem Verhältnis, soll diesen ein gerechter Anteil an dem Genusse und der Verwendung der Summen sichergestellt werden, die in staatlichen, kommunalen oder anderen Haushaltsplänen für Zwecke der Erziehung, der Religion oder der Wohlfahrt ausgeworfen werden.

Art. 10 und 11 enthalten die umstrittenen Sonderbestimmungen für die jüdische Minderheit, „Articles … (which) had been obtained through hard bargaining among the committee members over Poland's bitter opposition"[22]. Nach Art. 10 wird die Verteilung der den jüdischen Schulen zuzuweisenden Steueranteilen von örtlichen jüdischen Schulausschüssen unter staatlicher Aufsicht vorgenommen, Art. 11 ermöglicht die Sabbatheiligung. Resümierend hält Carole Fink fest: „Despite these small victories, the partisans of Jewish rights had suffered several major setbacks. To be sure, Yiddish had not been banned, but it would receive no governmental support to survive and flourish as an officially-recognized language. There would be no national curiae, proportional representation, or administrative offices for minorities. Instead of a central Jewish Bureau dreaded by the Allies and the Poles, there would be only powerless local associations. Above all, the controversial Sabbath clause – disputed by the British, Americans and Poles – was silent on the most crucial issue of all, Sunday trading."[23]

Art. 12 stellt alle Bestimmungen des polnischen Vertrages unter die Garantie des (noch zu schaffenden) Völkerbundes. Jedes Ratsmitglied war befugt, die Aufmerksamkeit des Rates auf Verletzungen oder Gefahr einer Verletzung zu lenken, der Rat war ermächtigt, Maßnahmen zu treffen und Weisungen zu erteilen, die nach Lage des Falles zweckmäßig und wirksam erscheinen. Meinungsverschiedenheiten zwischen der polnischen Regierung und einer Alliierten und Assoziierten Hauptmacht oder einem Ratsmitglied ist als Streit internationalen Charakters im Sinne des Art. 14 der Völkerbundsatzung[24] anzusehen. Auf Verlangen einer Partei ist der StIGH zu befassen, der ein endgültiges Urteil fällt.

Die Ausgestaltung der institutionellen Garantie des Völkerbundes zu einem Minderheitenschutzverfahren erfolgte schrittweise auf der Grundlage von Berichten und Resolutionen, für das sog „Petitionsverfahren" nachhaltig war der nach dem Verfasser, dem italienischen Außenminister und Ratsmitglied bezeichnete Tittoni-Bericht, angenommen vom Rat des Völkerbundes am 22. Oktober 1920.[25] In der Praxis erwies sich dieses Verfahren als weitgehend

22 Fink, Defendig the Rights of Others, 259.

23 Ebd., 259f.

24 In Art. 14 Völkerbundsatzung – die erste Verankerung des StIGH – wird der Rat mit dem Entwurf eines Planes zur Errichtung eines Ständigen Internationalen Gerichtshofes („*Permanent Court of International Justice*") beauftragt. Dieser Gerichtshof hat über alle ihm von den Parteien unterbreiteten internationalen Streitfragen zu befinden und erstattet auch gutachtliche Äußerungen über jede ihm vom Rat oder der Bundesversammlung vorgelegte Streitfrage oder sonstige Angelegenheit, vgl. Alfred Pfeil, Der Völkerbund, Darmstadt 1976, 55; Walther Schücking/Hans Wehberg, Die Satzung des Völkerbundes, Berlin [2]1924, 535f; Hans Wehberg, Die Völkerbundsatzung, Berlin [3]1929, 105ff.

25 Ein Anzeigerecht kam den Ratsmitgliedern zu. Ungeachtet dieser exklusiven Kompetenz, konnten Minderheiten und im Rat nicht vertretene Staaten eine Übertretung oder Übertretungsgefahr dem Rat zur Kenntnis bringen, ohne dass aber eine Verpflichtung des Rates bestand, sich mit der Angelegenheit zu befassen. Mit einem Ratsbeschluss vom 25. Oktober

ineffektiv. Von den 950 in den Jahren 1920–1939 für zulässig erklärten Petitionen wurden nur 16 Eingaben vor den Rat gebracht. In keinem der Fälle wurden konkrete Schutzmaßnahmen zugunsten einer vom Garantiesystem des Völkerbundes erfassten Minderheit ergriffen. Überdies entschied der Rat bereits im Juni 1928, dass er nur unter außergewöhnlichen Umständen – Vorliegen einer Friedensgefährdung – mit Minderheitenschutzangelegenheiten befasst werden sollte.[26]

Vehementen Widerstand gegen die Übernahme der vertraglichen Minderheitenschutzverpflichtungen leisteten Rumänien und Jugoslawien.[27]

Auch die politische Elite Österreichs stand Minderheitenschutzbestimmungen ablehnend gegenüber. So sah die vom Hauptausschuss der Nationalversammlung gebilligte „Instruktion für den Pariser Friedenskongreß" vor, Minderheitenschutzverpflichtungen nach Möglichkeit abzulehnen, wobei die „Absicht, diesen Minderheiten den Schutz zu verweigern, nicht sichtbar werden" sollte.[28]

Grundsätzlich verhielt sich Deutschösterreich auch im Hinblick auf die sich abzeichnende Minderheitensituation der Deutschen in den böhmischen Ländern zurückhaltend. Unter Betonung eines national-unitaristischen Standpunktes wurde intern eine minderheitenfeindliche Haltung eingenommen[29],

---

1920 wurden Dreierkomitees eingerichtet – der Präsident des Völkerbundrates und zwei weitere von ihm bestimmten ad hoc-Ratsmitglieder –, denen im Zusammenwirken mit dem Minderheitenausschuss des Völkerbundes die Prüfung der Petitionen oblag. Grundlegende Schritte des Petitionsverfahrens waren: Eingang von Petitionen, Entscheidung des Generalsekretärs über deren formale Zulässigkeit, Stellungnahme der betroffenen Regierungen, Bildung der Dreierkomitees, denen drei Handlungsoptionen zur Verfügung standen: keine weitere Verfolgung mangels Erheblichkeit, Verhandlungen und Beratungen mit den betroffenen Regierungen oder Einbringung in den Rat. Erfolgte die Weiterleitung, hatte sich der Völkerbundrat als Gesamtheit damit zu befassen, Entscheidungen des Rates waren einstimmig zu treffen (Art. 5 Abs. 1 Völkerbundsatzung).

26 Christian Pippan, Die völkerrechtlichen Konsequenzen des Vertrages von St. Germain, in: BRGÖ 2019 (dzt. i. Druck).

27 Erich Kendi, Minderheitenschutz in Rumänien. Die rechtliche Normierung des Schutzes ethnischer Minderheiten in Rumänien, München 1992, 24–27; Arnold Suppan, Jugoslawien und Österreich, Wien/München 1996, 766ff.

28 Hanns Haas, Die österreichische Regierung und die Minderheitenschutzbestimmungen von Saint Germain, in: Die Volksgruppen in Österreich, integratio XI–XII, Wien 1979, 23–52, 24.

29 „Instruktion für die Delegation zum Pariser Friedenskongreß", abgedruckt bei Fritz Fellner/ Heidrun Maschl (Hg.), „Saint Germain, im Sommer 1919". Die Briefe Franz Kleins aus der Zeit seiner Mitwirkung in der österreichischen Friedensdelegation, Mai bis August 1919, Salzburg 1977, 38–50, 43: „Bezüglich der nationalen Minderheiten [scil. der deutschen Einwohner der Tschechoslowakei und des südslawischen Königreichs] ist eine Anregung zu besonderem Schutz von uns aus gar nicht oder mit größter Vorsicht zu machen, damit die Rückwirkung auf die nationalen Minderheiten in unserem Gebiete vermieden werde. Am liebsten wäre von der Frage der nationalen Minderheiten im eigentlichen Sinne nicht zu sprechen. Nur wenn es nicht vermieden werden kann... ist darauf einzugehen. Es ist dabei

doch für die Tschechoslowakei sah die Friedensdelegation eine „Kantonalverwaltung auf der Grundlage des Nationalitätenprinzips“[30] vor.

1922 charakterisierte Karl Renner in einem öffentlichen Vortrag allerdings mit Blick auf das altösterreichische Nationalitätenrecht den Vertrag v. St. Germain (im Folgenden VSG) als „eine wahre Bettelsuppe eines Minoritätenrechts“: „Der Vertrag von St. Germain sieht einen Schutz nationaler und konfessioneller Minoritäten vor, der nach der Auffassung der Westmächte und insbesondere Amerikas imstande sein soll, die nationale Frage aus der Welt zu schaffen. [...] Sie haben nur bewiesen, wie ahnungslos sie dem Problem gegenüberstehen. Dieses Minderheitenrecht bleibt weit zurück hinter dem Nationalitätenrecht, welches das alte Österreich geschaffen hat, jenes Österreich, das die Westmächte wegen der Vergewaltigung der Nationen zerstören zu müssen geglaubt haben. Jene Charte ist eine wahre Bettelsuppe eines Minoritätenrechts.“[31]

Minderheitenschutzverpflichtungen pauschal zu verweigern erschien aber wenig erfolgreich, so versuchte die österreichische Friedensdelegation, Minderheitenschutzbestimmungen im Sinne eines kollektiven Schutzes möglichst zu verhindern und vertrat die Ansicht, Deutschösterreich habe sich im Gegensatz zu anderen aus der ehemaligen Monarchie hervorgegangenen Staaten, als eine „nationale Gemeinschaft von Mitgliedern derselben Rasse und Sprache konstituiert“. Deutschösterreich sei, von einer „verschwindend kleine(n) Minorität“ abgesehen, ein ethnisch einheitlicher Nationalstaat.[32]

---

hervorzuheben, dass Deutsch-Österreich ein Nationalstaat ist, im Gegensatz zum tschechoslowakischen Staat, dass in Wien durch die veränderten Existenzbedingungen wahrscheinlich die nationalen Minderheiten [scil. die Tschechen) zum natürlichen Untergang verurteilen werden, dass ein Zugang nicht mehr zu erwarten ist, die hier Ansässigen aber in der zweiten Generation assimiliert werden. [...] Es ist als eine Forderung nach Minoritätenschutz, der auch Wien Verpflichtungen auferlegen würde, nach Möglichkeit abzulehnen. Bei der Führung dieser Sache muß aber die größte Vorsicht walten, es darf also unsere Absicht, diesen Minoritäten den Schutz zu verweigern, nicht sichtbar werden.“ Peter Burian, Österreich und der Völkerbund, in: Harm Klueting (Hg.), Nation-Nationalismus-Postnation, Köln/Weimar/Wien 1992, 107–122, 113 f; Haas, Die österreichische Regierung, 24; Hanns Haas, Die rechtliche Lage der slowenischen Volksgruppe nach Saint Germain, in: Deutsch-slowenischer Koordninationsauschuß des Diözesanrates (Hg.), Das gemeinsame Kärnten. Skupna Koroška, Klagenfurt 1991, 111–124, 113.

30 „Kantonalverwaltung im tschechoslowakischen Staat“, in: Deutschösterreichische Friedensdelegation in St. Germain-en-Laye, Bericht über die Tätigkeit der deutschösterreichischen Friedensdelegation in St. Germain-en-Laye, Bd. 1, Wien 1919, 338–341: Fellner, Maschl, „Saint-Germain, im Sommer 1919“: „Instruktion für die Delegation zum Pariser Friedenskongreß“, 42; vgl. Haas, Die österreichische Regierung, 25; Haas, Die rechtliche Lage, 113.

31 Karl Renner, Deutschland, Oesterreich und die Völker des Ostens. 2 Reden, Berlin 1922, 24.

32 Deutschösterreichische Friedensdelegation in St. Germain-en-Laye, Österreichische Antwort vom 6. August auf die Friedensbedingungen vom 20. Juli 1919, in: Bericht über die Tätigkeit der deutschösterreichischen Friedensdelegation in St. Germain-en-Laye, Bd. 2, Wien 1919, 118; Haas, Die österreichische Regierung, 24.

Dieses Verständnis bedeutete auch eine Abkehr vom altösterreichischen Nationalitätenrecht: Gemäß Art. 19 Staatsgrundgesetz vom 21. Dezember 1867 über die allgemeinen Rechte der Staatsbürger für die im Reichsrat vertretenen Königreiche und Länder,[33] sind alle Volksstämme des Staates gleichberechtigt, jeder Volksstamm hat „ein unverletzliches Recht auf Wahrung und Pflege seiner Nationalität und Sprache" (Abs. 1). Es wird „die Gleichberechtigung aller landesüblichen Sprachen in Schule, Amt und öffentlichem Leben … vom Staate anerkannt" (Abs. 2) und in Ländern, in welchen mehrere Volksstämme wohnen, soll „jeder dieser Volksstämme die erforderlichen Mittel zur Ausbildung in seiner Sprache" erhalten (Abs. 3).[34]

In einer minderheitenfreundlichen Auslegung vertrat das Reichsgericht die Auffassung, Art. 19 sei unmittelbar anwendbares Recht und nahm grundlegende Begriffsbestimmungen vor.[35] Ein Gutachten der Staatskanzlei vom 19. Juni 1919 wies die Friedensdelegation ausdrücklich auf die Weitergeltung von Art. 19 StGG hin, doch enthielt sich die Delegation jeglichen Hinweises auf diesen Grundrechtsartikel.[36]

Moniert wurde in der zweiten Antwortnote vom 6. August 1919 die verfahrensrechtliche Ingerenz des Völkerbundes. Der Völkerbund sei auf das internationale Recht zu beschränken. Bei Klage eines Bewohners oder Angehörigen Deutschösterreichs seien aus Gründen der nationale Souveränität „in letzter Instanz nur der Verfassungsgerichtshof und die anderen nationalen Gerichte" zuständig[37]. In der Note vom 2. September 1919 teilten die Alliierten und Assoziierten Mächte der österreichischen Delegation mit, dass der endgültige Text

33 RGBl. 142/1867.

34 Art. 19 StGG – Übernahme durch Art. 149 Abs. 1 B-VG – wurde nie formell aufgehoben, doch ist die Geltung und Anwendung strittig. Ausführlich Dieter Kolonovits, Sprachenrecht in Österreich. Das individuelle Recht der Volksgruppensprachen im Verkehr mit Verwaltungsbehörden und Gerichten, 87ff.

35 Unter Volksstamm verstand das Reichsgericht eine Gruppe von Menschen, die in historischer, geographischer und sprachlicher Hinsicht eine gewisse Einheit bildet, sowie durch ein nationales Zusammengehörigkeitsgefühl gekennzeichnet ist. Die Bezeichnung „Volksstämme" wurde nicht nur auf einander zahlenmäßig gleichgestellte Gruppen angewendet, sondern auch auf „nationale Minderheiten der österreichischen Staatsangehörigen" bezogen. Diese Rechtsprechung entspricht auch den Materialien, welche „die Gleichberechtigung der ‚Minoritäten' betonen und diesen Begriff unter dem Oberbegriff ‚Volksstämme' subsumieren, der sowohl Mehrheiten als auch Minderheiten umfasst" (Kolonovits, Rechte der Minderheiten, 821ff); vgl. weiters Ilse Reiter, Die autochthonen Volksgruppen Österreichs. Ein Überblick über die Rechtslage von 1848 bis in die Gegenwart, in: forum historiae iuris (2001), Rz 16ff (https://forhistiur.de/2001-08-reiter/); Gerald Stourzh, Die Gleichberechtigung der Nationalitäten in der Verfassung und Verwaltung Österreichs 1858–1918, Wien 1985, 53ff.

36 Haas, Die österreichische Regierung, 25.

37 Bericht über die Tätigkeit der deutschösterreichischen Friedensdelegation in St. Germain-en-Laye, Bd. 2, 120.

des Friedensvertrages mit dem Wortlaut des polnischen Minderheitenvertrages in Übereinstimmung gebracht worden sei.[38]

Die einzelnen Bestimmungen: Staatsrechtliche und internationale Garantien (Art. 62, 69 VSG)

Der Minderheitenschutz des Völkerbundes sieht eine zweifache Garantie vor: Eine staatsrechtliche und eine internationale. Dem „polnischen Modell" entsprechend, wird textgleich als erste Bestimmung des Minderheitenschutzes die staatsrechtliche Garantie festgelegt, nämlich die Verpflichtung, die Minderheitenschutzbestimmungen als „Grundgesetze" (lois fondamentales) anzuerkennen. Die Umsetzung erfolgte durch Art. 149 Abs. 1 B-VG, wonach der Abschnitt V des III. Teiles VSG als Verfassungsgesetze i. S.v. Art. 44 B-VG gilt.[39] Mit dieser Rezeptionsbestimmung verlieren die Minderheitenschutzbestimmungen auch bei einem allfälligen völkerrechtlichen Geltungsverlust ihre innerstaatliche Bestandskraft nicht.[40]

Die internationale Garantie durch den Völkerbund – Vorlage Art. 12 PolenV – ist in Art. 69 VSG verortet. Danach anerkennt Österreich, dass die Minderheitenschutzbestimmungen „Verpflichtungen von internationalem Interesse" sind und unter die Garantie des Völkerbundes gestellt werden. Sie können nicht ohne Zustimmung des Völkerbundes abgeändert werden. Dazu korrespondierend verpflichten sich die im Rat vertretenen Alliierten und Assoziierten Mächte Mehrheitsbeschlüssen des Rates bezüglich einer Abänderung der Minderheitenschutzbestimmungen zuzustimmen.

38 Bericht über die Tätigkeit der deutschösterreichischen Friedensdelegation in St. Germain-en-Laye, Bd. 2, 324.

39 Am 23.9.1929 legte der Gesetzgebungsdienst der Staatskanzlei dem parlamentarischen Verfassungsunterausschuss mit Art. 158 – hier findet sich bereits die Übernahme des Abschnittes V des III. Teils des VSG als Verfassungsbestimmung (Abs. 2) – den Entwurf für den späteren Art. 149 B-VG vor, vgl. Thomas Olechowski, Der Vertrag von St. Germain und die österreichische Bundesverfassung, in: BRGÖ 2019 (dzt. i. Druck); zur notwendigen Umsetzung der Minderheitenschutzbestimmungen als subjektive Rechte im Verfassungsrang vgl. Kolonovits, Sprachenrecht, 177; Markus Vašek, Art. 62 StV von St. Germain, in: Benjamin Kneihs/Georg Lienbacher (Hg.), Rill-Schäffer-Kommentar Bundesverfassungsrecht, Bd. 9, 16. Lfg., Wien 2015, 3.

40 Zur strittigen völkerrechtlichen Geltung eingehend Kolonovits, Sprachenrecht, 111–113 (Anm. 386); Theo Öhlinger, Der Verfassungsschutz ethnischer Gruppen in Österreich, in: Heinz Schäffer/Walter Berka/Harald Stolzlechner/Josef Werndl (Hg.), Staat – Verfassung – Verwaltung. Festschrift Friedrich Koja, Wien/New York 1998, 371–390, 375, resümiert, dass Abschnitt V des III. Teils VSG „geltendes Bundesverfassungsrecht, wenngleich nicht mehr gültiges Völkerrecht" ist.

Mit dieser Bestimmung wurden die Minderheitenschutznormen in das Minderheitenschutzsystem des Völkerbundes eingefügt, eine auch gemessen am klassischen Völkerrecht „präzedenzlose Dichte und Tiefe solcherart unmittelbar den Binnenraum der betroffenen Staaten einwirkenden internationalen Vorgaben auf dem Gebiet des Minderheitenschutzes“[41].

Österreich stimmt auch zu, dass jedes Ratsmitglied diesen bei „Verletzung oder Gefahr einer Verletzung“ der Minderheitenschutzverpflichtungen befassen kann. Dieser kann dann Maßnahmen im Einklang mit der Völkerbundsatzung treffen, die im gegebenen Falle geeignet und wirksam erscheinen könnten. (Abs. 2).

Weiters ist vorgesehen, dass bei Meinungsverschiedenheiten über Rechts- und Tatfragen zwischen der österreichischen Regierung, den Alliierten und Assoziierten Mächten oder anderen Mitgliedern des Völkerbundes diese als Streitfall i. S.v. Art 14 der Völkerbundsatzung zu werten sind (Abs. 3).

Religion (Art. 63, 66 Abs. 1–3, 67 und 68 Abs. 2 VSG)

Neben Gleichheitsverbürgungen (Art. 66 Abs 1–3, Art. 67 VSG) und Zusicherung eines angemessenen Anteils der vom Staat vorgesehenen Ausgaben für Erziehung, Religions- oder Wohltätigkeitszwecke (Art. 68 Abs 2 VSG) ist vor allem Art. 63 VSG von zentraler Bedeutung.[42] Dieser übernimmt Art. 2 des PolenV. Geschützt ist die freie Ausübung, privat wie öffentlich, von Glaube (*fois*), Religion (*religion*), Bekenntnis (*croyance*). Diese Schutzbestimmung traf auf die im Staatsgrundgesetz über die allgemeinen Rechte der Staatsbürger[43] enthaltenen grundrechtlichen Religionsfreiheitsverbürgungen. Art. 14 enthält die individualrechtliche Komponente: Jedermann wird die volle Glaubens- und Gewissensfreiheit gewährleistet (Abs. 1). Der „Genuß der bürgerlichen und politischen Rechte ist vom Religionsbekenntnis unabhängig; doch darf den staatsbürgerlichen Pflichten durch das Religionsbekenntnis kein Abbruch ge-

---

41 Pippan, Die völkerrechtlichen Konsequenzen.

42 Vgl. Christoph Grabenwarter, Art. 63 Abs. 2 StV St. Germain, in: Karl Korinek/Michael Holoubek (Hg.), Österreichisches Bundesverfassungsrecht, 7. Lfg., Wien 2005; Herbert Kalb/Richard Potz/Brigitte Schinkele, Religionsrecht, Wien 2003, 42ff ; Rudolf Köstler, Die religionspolitischen Bestimmungen des Friedensvertrages in: ZÖR II (1921), 325–335; Stefan Schima, Die Rechtsgeschichte der „Konfessionslosen“: der steinige Weg zur umfassenden Garantie der Religionsfreiheit in Österreich, in: Jos C. N. Raadschelders (Hg.), Staat und Kirche in Westeuropa in verwaltungshistorischer Perspektive (19./20. Jh.), Baden-Baden 2002, 97–124; Stefan Schima, Die Entfaltung der Religionsfreiheit in Österreich von der Dezemberverfassung bis heute. Einblicke in die letzten 150 Jahre, in: Stephan Hinghofer-Szalkay/Herbert Kalb (Hg.), Islam, Recht und Diversität, Wien 2018, 3–47.

43 RGBl 142/1867.

schehen“ (Abs. 2) und – Fokussierung auf die negative Religionsfreiheit – „Niemand kann zu einer kirchlichen Handlung oder zur Teilnahme an einer kirchlichen Feierlichkeit gezwungen werden, insofern er nicht der nach dem Gesetze hiezu berechtigten Gewalt eines Anderen untersteht“ (Abs. 3). Art. 15 gewährleistet die korporative Religionsfreiheit: „Jede gesetzlich anerkannte Kirche und Religionsgesellschaft hat das Recht der gemeinsamen öffentlichen Religionsübung, ordnet und verwaltet ihre inneren Angelegenheiten selbständig, bleibt im Besitze und Genusse ihrer für Cultus-, Unterrichts- und Wohlthätigkeitszwecke bestimmten Anstalten, Stiftungen und Fonde, ist aber, wie jede Gesellschaft, den allgemeinen Staatsgesetzen unterworfen.“ Art. 16 StGG beschränkt die Anhänger nicht anerkannter Religionsbekenntnisse auf die häusliche Religionsausübung.

Art. 63 Abs. 2 VSG erweitert daher mit der Garantie der öffentlichen und privaten Religionsausübung, ohne Beschränkung auf Angehörige von gesetzlich anerkannten Kirchen und Religionsgesellschaften, den Schutzumfang der Religionsfreiheit des StGG. Da damit Art. 16 StGG seinen Bedeutungsgehalt verlor, ist von einer materiellen Derogation auszugehen.

Art. 63 Abs. 2 VSG enthält eine Schrankenregelung, wonach die Ausübung von Glauben, Religion oder Bekenntnis nur insoweit geschützt ist, als sie nicht mit der öffentlichen Ordnung oder den guten Sitten unvereinbar ist.[44]

Ein Gleichbehandlungs- und Diskriminierungsverbot sieht Art. 66 und 67 VSG vor. Art. 66 Abs. 1 VSG statuiert die Gleichheit aller österreichischen Staatsbürger ohne Unterschied der Rasse, der Sprache oder Religion und räumte ihnen dieselben bürgerlichen und politischen Rechte ein. Unterschiede in Religion, Glauben und Bekenntnis sollten keinem österreichischen Staatsangehörigen beim Genuss der bürgerlichen oder politischen Rechte nachteilig sein, insbesondere bei der Zulassung zu öffentlichen Stellungen, Ämtern und Würden oder bei den verschiedenen Berufs- und Gewerbetätigkeiten (Abs. 2).

Der Schutzumfang dieser Gleichheitsverbürgung war bereits im Staatsgrundgesetz über die allgemeinen Rechte der Staatsbürger enthalten, doch erfolgte die einfachgesetzliche Umsetzung einer damit notwendigen Entkonfessionalisierung nur schleppend.

44 Felix Ermacora, Handbuch der Grundfreiheiten und Menschenrechte, Wien 1963, 367 und vor allem Rudolf Müller, Über Grenzen der Religionsfreiheit am Beispiel des Schächtens, in: Bernd-Christian Funk/Hans. R. Klecatsky/Karl Korinek/Wolfgang Mantl/Peter Pernthaler (Hg.), Der Rechtsstaat vor neuen Herausforderungen. Festschrift für Ludwig Adamovich zum 70. Geburtstag, Wien 2002, 503–524, 503 und ihm folgend Grabenwarter, Art. 63 Abs 2 StV St. Germain, Rz 11f, sehen in der Schranke des Art. 63 Abs. 2 VSG einen allgemeinen ordre-public-Vorbehalt, eine Interpretation, die auch durch den Wortlaut der heranzuziehenden französischen Fassung (Art. 381 VSG) gestützt wird.

Folgerichtig waren Verletzungen der Religionsbestimmungen auch Gegenstand von Völkerbundpetitionen, eingebracht wurden sie vom Freidenkerbund Österreich, vom Ehereformverein und von der Altkatholischen Kirche. Sie betrafen das konfessionell geprägte Eherecht sowie das Schulrecht.[45]

Zentraler Punkt der Beschwerden im Eherecht war die Unauflöslichkeit der Katholikenehen im staatlichen Recht.

Eherecht: Während sich die Republik Deutschösterreich auf der Ebene des Verfassungsrechts eine neue Ordnung gab, übernahm die Provisorische Nationalversammlung unterhalb der Verfassungsebene grundsätzlich die Rechtsordnung Cisleithaniens.

Übernommen wurde damit auch das sogenannte „altösterreichische Eherecht", eingehandelt hatte man sich eine – rechtsvergleichend betrachtet – familienrechtliche Modernitätsverzögerung inklusive engagierter, aber ergebnislos gebliebener Reformdiskurse.

Dieses altösterreichische Eherecht ist ein Produkt des neuzeitlichen Ausdifferenzierungsprozesses von Staat und Kirche. Der grundlegende Wandel wurde durch Joseph II. vollzogen, der auf der Folie der Distinktionstheorie – Trennung zwischen Ehesakrament und Vertrag – im Ehepatent 1783 die staatliche Hoheit für den Vertrag beanspruchte. Die Grundsätze des Josephinischen Eherechts wurden in das ABGB 1811 übernommen und mündeten in ein dreifach gegliedertes Eherecht für Katholiken, „nicht katholische christliche Religionsverwandte" und für Juden.

Was sind die prägenden Leitlinien dieses altösterreichischen Eherechts?

Das Eherecht war ein patriarchalisches, dem bürgerlichen Familienmodell verpflichtet, ein Befund, der sich aus der Zusammenschau von Rechtswirkungen der Ehe wie des Ehegüterrechts unmissverständlich ergibt.

Weiters: Keine obligatorische Zivilehe: „Die feyerliche Erklärung der Einwilligung" – so § 75 ABGB – „muß vor dem ordentlichen Seelsorger eines der Brautleute, er mag nun, nach Verschiedenheit der Religion, Pfarrer, Pastor oder wie sonst immer heißen oder von dessen Stellvertreter in Gegenwart zweyer Zeugen geschehen". Wenn auch die Seelsorger als Staatsorgane handelten, wurde dadurch keine von der Kirche unabhängige Form der Eheschließung geschaffen.

Für vorliegenden Kontext entscheidend: Das Eherecht mit seiner konfessionellen Dreiteilung ist materiell einem kirchlich bestimmten Leitbild verpflichtet, dramatisch sichtbar im Scheidungsrecht.

Das ABGB unterschied zwischen Scheidung von Tisch und Bett (§§ 103 ff) und der Ehetrennung (§§ 115 ff). Mit der Scheidung wurde nur die häusliche

45 Herbert v. Truhart, Völkerbund und Minderheitenpetitionen, Wien/Leipzig 1931, 158f; Martin Scheuermann, Minderheitenschutz contra Konfliktverhütung. Die Minderheitenpolitik des Völkerbundes in den zwanziger Jahren, Marburg 2000, 202–207.

Gemeinschaft aufgelöst, eine Wiederverheiratung war nicht möglich. Demgegenüber bewirkte die Trennung die Auflösung des Ehebandes und ermöglichte das Eingehen einer weiteren Ehe.

Eine Ehetrennung wurde aber nur gestattet, wenn die Ehegatten zum Zeitpunkt der Eheschließung nicht-katholische Christen oder Juden waren – damit war die absolute Unauflöslichkeit der Katholikenehe besiegelt, zusätzlich noch verstärkt durch das impedimentum catholicismi: Dieses verhinderte, dass ein Nichtkatholik zu Lebzeiten seines getrennten Ehepartners einen Katholiken heiraten durfte.

In Umgehung dieser strengen Bestimmungen für Katholikenehen kam seit 1919, initiiert durch den Landeshauptmann von Niederösterreich Albert Sever die Übung auf, vom Hindernis des Ehebandes auf administrativem Weg allgemein zu dispensieren, um Katholiken die Möglichkeit einer zweiten Ehe einzuräumen. Diese sog. Dispens- oder Severehen führten zu dem berüchtigten „Ehewirrwarr" in der 1. Republik.

Die Unauflöslichkeit der Katholikenehe sowie der damit verbundene Ehewirrwarr, Stichwort „Severehe", war Anlass für die erwähnten Völkerbundpetitionen, die auf eine Verletzung der in den Minderheitenschutzbestimmungen verbürgten religionsrechtlichen Gewährleistungen abstellten.[46]

Schulrecht: § 48 Abs. 2 des Reichsvolksschulgesetzes idF RGBl 53/1883 sah vor, dass als „verantwortlicher Schulleiter" nur solche Lehrpersonen bestellt werden können, „welche auch die Befähigung zum Religionsunterricht [...] jenes Glaubensbekenntnisses nachweisen, welchem die Mehrzahl der Schüler der betreffenden Schule [...] angehört".

Öffentlichkeitswirksam im Schulrecht wurde der Fall Mittellehner. Dem Bürgerschullehrer Mittellehner wurde als Protestant die Erlangung einer Schulleiterstelle verwehrt, da die Mehrheit der Schüler Katholiken waren.

Demgegenüber ging der VfGH in einem Erkenntnis aus 1925 bemerkenswerterweise von einer Derogation des § 48 Abs. 2 Reichsvolksschulgesetz durch die religionsrechtlichen Gleichheitsverbürgungen der Minderheitenschutzbestimmungen des VSG aus.[47]

Diese Lösung ging auf Hans Kelsen zurück. Der mit dem Fall befasste Adolf Menzel, Vizepräsident des VfGH, schlug nämlich – dies wäre die „Standardlö-

46 Ulrike Harmat, Ehe auf Widerruf? Der Konflikt um das Eherecht in Österreich 1918–1938, Frankfurt am Main 1999; Christian Neschwara, Hans Kelsen und das Problem der Dispensehen, in: Robert Walter/Werner Ogris/Thomas Olechowski (Hg.), Hans Kelsen. Leben-Werk-Wirklichkeit, Wien 2009, 246–263; Herbert Kalb, Das Eherecht in der Republik Österreich 1918–1978, in: BRGÖ (2012), 27–43; Stefan Schima, Das Eherecht des ABGB, in: BRGÖ (2012), 13–26; Ursula Floßmann/Herbert Kalb/Karin Neuwirth, Österreichische Privatrechtsgeschichte, Wien [8]2019, 100 ff.

47 VfGH Erkenntnis v. 19. 10. 1925, B 25/25.

sung" gewesen – die Abweisung der Beschwerde vor. Dagegen opponierte Kelsen mit dem Hinweis, dass damit auch alle konfessionslosen Lehrer von der Leitung ausgeschlossen seien und schlug den Weg über die Derogation durch den VSG vor, eine Lösung, die dem VfGH die Aufhebung des § 48 Abs. 2 Reichsvolksschulgesetz ersparte.[48]

Der Völkerbund stellte seine Untersuchungen ein. Im Dreierkomitee setzte sich im Hinblick auf die religionsbezogenen Petitionen die Meinung durch, die Verträge seien zur Gewährleistung der Zumutbarkeit für die Staaten eng auszulegen und interkonfessionelle Interventionen könnten zur Verstärkung derartiger Konflikte in anderen Staaten führen.[49]

Staatsbürgerschaftsbestimmungen (Art. 64, 65, 70–82, 90–92 VSG)[50]

Hier waren die Siegermächte in der letzten Phase der schriftlichen Verhandlungen bereit, Zugeständnisse einzuräumen. In der Antwort auf die österreichischen Gegenvorschläge hielten sie fest: „Die alliierten und assoziierten Mächte [...] sträuben sich nicht, im Rahmen des Möglichen den Bemerkungen der österreichischen Abordnung in der Frage der Staatsbürgerschaft Rechnung zu tragen".[51]

Die Regelungen über die Staatsbürgerschaft wurden über verschiedene Teile des VSG verteilt. Diese Staatsbürgerschaftsbestimmungen sind Übergangsbestimmungen, „Liquidierungsvorschriften", deren Zweck die Aufteilung der altösterreichischen Staatsangehörigkeit auf die Nachfolgestaaten war. Normative Bedeutung kommt ihnen heute nicht mehr zu.[52]

Ungeachtet des diese Reglungen prägenden spezifischen juristischen Sprachduktus, darf eines nicht übersehen werden: Minderheitenrechte im All-

48 Ewald Wiederin, Jüdische Bevölkerung und verfassungsrechtliche Lage 1918 bis 1938, in: Gertrude Enderle-Burcel/Ilse Reiter-Zatloukal (Hg.), Antisemitismus in Österreich 1933–1938, Wien/Köln/Weimar, 97–109.

49 Scheuermann, Minderheitenschutz, 202ff.

50 Alfred Kramer, Die Staatsangehörigkeit der Altösterreicher und Ungarn nach den Friedensverträgen, Wien 1926, 71ff; Ingobert Goldemund/Kurt Ringhofer/Karl Theuer (Hg.), Das österreichische Staatsbürgerschaftsrecht, Wien 1969, 413ff; Hanns-Joachim Seeler, Das Staatsangehörigkeitsrecht Österreichs, Frankfurt am Main/Berlin [2]1966, 19ff; Rudolf Thienel, Österreichische Staatsbürgerschaft, Bd. 1, Wien 1989, 49ff; Rudolf Thienel, Art. 64, 65 StV St. Germain, in: Karl Korinek/Michael Holoubek (Hg.), Österreichisches Bundesverfassungsrecht (Hg.), 3. Lfg., Wien/New York 2000, Rz 4–12.

51 Bericht über die Tätigkeit der deutschösterreichischen Friedensdelegation in St. Germain-en-Laye, Bd. 2, 325.

52 Rudolf Thienel, Österreichische Staatsbürgerschaft, Bd. 1, Wien 1989, 54ff.

gemeinen und Staatsbürgerschaftsregelungen im Besonderen, beziehen sich auf grundlegende humanitäre Notlagen, auf tragische Schicksale Vieler. Diese Regelungen können zur Lösung derartiger humanitärer Krisen beitragen, aber genauso gut diese verschärfen. Beide Varianten werden in den Staatsbürgerschaftsregelungen sichtbar.

Der Zusammenbruch der Monarchie 1918 bewirkte den staats- und völkerrechtlichen Untergang der cisleithanischen Reichshälfte. Die Organe der Republik Deutschösterreich vertraten die Auffassung, dass zwischen der untergegangenen Monarchie Österreich-Ungarn bzw. dem alten Österreich und der neu entstandenen Republik Deutschösterreich keine rechtliche Kontinuität bestehe. Österreich sei durch *dismembratio* untergegangen, Deutschösterreich sei unter Bruch der Rechtskontinuität mit dem alten Österreich revolutionär durch den Staatsgründungsbeschluss vom 30. Oktober 1918 entstanden.[53] Der Untergang des Kaisertums Österreich hatte das Erlöschen der diesbezüglichen Staatsangehörigkeit zur Folge.

Ungeachtet dieser formellen Diskontinuität legte § 16 Staatsgründungsbeschluss „bis auf weiters" die „vorläufige Geltung" der altösterreichischen Rechtsordnung fest.[54] Mit dieser Rezeptionsklausel wurden auch die staatsbürgerschafts- und heimatrechtlichen Vorschriften der Monarchie übergeleitet.

Am 22. November 1918 legte Deutschösterreich sein Staatsgebiet fest – beansprucht wurden Gebiete, die weit über die Grenzen der heutigen Republik Österreich hinausreichten.[55]

Primär um den Kreis der Wahlberechtigten für die Wahlen zur Konstituierenden Nationalversammlung zu definieren, erfolgte am 5. 12. 1918 die Regelung des Staatsbürgerschaftsrechtes[56]. Gemäß § 1 Abs. 1 galten alle in einer deutschösterreichischen Gemeinde heimatberechtigten Personen als deutsch-

53 Thomas Olechowski, Kelsens Debellatio-These. Rechtshistorische und rechtstheoretische Überlegungen zur Kontinuität von Staaten, in: Clemens Jabloner/Dieter Kolonovits (Hg.), Gedenkschrift R. Walter, Wien 2013, 531–552.

54 Beschluß der Provisorischen Nationalversammlung für Deutschösterreich vom 30. October über die grundlegende Einrichtungen der Staatsgewalt, StGBl 1/1918.

55 StGBl 40/1918; Das Staatsgebiet sollte folgende Länder umfassen: Österreich unter der Enns einschließlich des Kreises Deutsch-Südmähren, Österreich ob der Enns einschließlich Deutsch-Südböhmen, Salzburg, Steiermark und Kärnten mit Ausschluss der geschlossenen jugoslawischen Siedlungsgebiete, die Grafschaft Tirol ohne die geschlossenen italienischen Siedlungsgebiete, Vorarlberg, Deutschböhmen sowie Sudetenland, die deutschen Siedlungsgebiete von Brünn, Ilgau und Olmütz. Darüber hinaus hatte die Prov. Nationalversammlung das Selbstbestimmungsrecht für die Gebiete um Preßburg, Wieselburg, Ödenburg und Eisenburg gefordert, die zwar in Westungarn gelegen waren, aber überwiegend deutschsprachig besiedelt waren. Je nach Vorteilhaftigkeit richtete sich Deutschösterreich in seinen Ansprüchen entweder nach der historischen Landes- oder der Sprachgrenze.

56 Gesetz vom 5. Dezember 1918, StGBl 91/1918 über das deutschösterreichische Staatsbürgerrecht.

österreichische Staatsbürger, Abs. 2 stellte es diesen Personen frei, sich – mit der Konsequenz des Staatsbürgerschaftsverlustes – bis zum 30. Juni 1919 zu einem anderen Nachfolgestaat zu bekennen.

Das Anknüpfungskriterium der Heimatberechtigung, der „Heimatzuständigkeit" (pertinenza) in einer politischen Gemeinde, war im mehrfach novellierten Heimatrechtgesetz 1863, RGBl 105, geregelt. Das Heimatrecht konnte nur durch österreichische Staatsbürger erworben werden, Erwerbstatbestände waren insbesondere Abstammung von einem Heimatberechtigten, Eheschließung, Verleihung, Erlangung eines öffentlichen Amtes, wobei grundsätzlich jeder Staatsbürger in einer Gemeinde heimatberechtigt sein sollte. Allerdings hatte das Heimatrecht in vielen Fällen keinen wirklichen Zusammenhang mit den betroffenen Personen. So hatten z. B. viele altösterreichische Staatsbürger seit Generationen ihren Wohnsitz in Wien, waren in Wien geboren, aber „noch immer ‚von Urgroßväter Zeiten her' etwa in einer Gemeinde Galiziens nach Heimatrecht" verortet.[57]

§ 2 sah darüber hinaus „unter Lösung der altösterreichischen Verklammerung von Staatsbürgerschaft und Heimatrecht zugunsten des ‚unösterreichischen' Domizilsprinzips"[58] auch den Erwerb der Staatsbürgerschaft durch Erklärung vor, ohne dass damit der Erwerb einer Heimatberechtigung in einer deutschösterreichischen Gemeinde verbunden war.

Eine derartige Erklärung konnten Personen, die ihren ordentlichen Wohnsitz „mindestens seit 1. August 1914" im Gebiet der Republik Deutschösterreich haben, weiters „Personen, die ihren ordentlichen Wohnsitz erst nach dem 1. August 1914 nach Deutschösterreich verlegt haben oder die bis zur Wirksamkeit eines neuen, das Staatsbürgerschaftsrecht endgültig regelnden Gesetzes verlegen, sofern sie in einer außerhalb der Republik Deutschösterreich gelegenen Gemeinde des bisherigen Österreichs mit Ausnahme Dalmatiens, Istriens und Galiziens heimatberechtigt sind". Die Ausnahme bezüglich Dalmatien, Istrien und Galizien war eine Konzession an die Christlichsozialen und Großdeutschen, welche die „Ostjuden" vom Erwerb der österreichischen Staatsbürgerschaft ausschließen wollten. Im Fokus standen galizische Kriegsflüchtlinge, zur Verschleierung der antisemitischen Motivation wurden auch Istrien und Dalmatien in diese Regelung einbezogen[59], die „Verhinderung der Einbürgerung von ‚Ostjuden' wurde von jetzt an zum Leitmotiv österreichischer Staatsbürgerschaftspolitik"[60].

57 Ilse Reiter, Ausgewiesen, abgeschoben. Eine Geschichte des Ausweisungsrechts in Österreich vom ausgehenden 18. bis ins 20 Jahrhundert, Frankfurt am Main 2000, 323.

58 Ebd., 323.

59 Vgl. Grandner, Staatsbürger und Ausländer, 60–85.

60 Hannelore Burger, Heimatrecht und Staatsbürgerschaft österreichischer Juden. Vom Ende des 19. Jahrhunderts bis in die Gegenwart, Wien/Köln/Graz 2014, 163; vgl. auch Edward

Nachdem die österreichische Delegation bereits am 10. September 1919 den Vertrag unterzeichnet hatte, wurde am 17. Oktober die Möglichkeit der Staatsbürgerschaftserklärung abgeschafft. Zugleich wurde den Gemeinden die Befugnis genommen, ihr Heimatrecht nach freiem Ermessen zu verleihen und „gesetzwidrige" Verleihungen für nichtig erklärt.[61] Es solle damit verhindert werden, dass Personen, die ihre Staatsbürgerschaft durch Erklärung erworben hatten, über die Verleihung des Heimatrechtes nach Inkrafttreten des VSG die neue österreichische Staatsbürgerschaft erlangen konnten.

Die Regelungen über die Staatsbürgerschaft wurden über verschiedene Teile des VSG verteilt und finden sich in den Art. 64, 65, 70–82, 90–92 und 230 und widerspiegeln in der Zusammenschau den Weg „von imperialer Inklusion zur nationalen Exklusion"[62].

Dem Wunsch der österreichischen Delegation entsprechend[63], übernahm der VSG den Anknüpfungstatbestand der Heimatberechtigung, im polnischen Mustervertrag wurde allerdings auf das Domizil abgestellt.

Art. 64 sieht daher das Heimatrecht als Anknüpfungskriterium für die Staatsbürgerschaft vor. Danach anerkennt Österreich als österreichische Staatsangehörige jene Personen, die zur Zeit des Inkrafttretens des Vertrags (16. Juli 1920) ein Heimatrecht auf österreichischem Staatsgebiet besaßen und nicht Angehörige eines anderen Staates waren.

Um das Entstehen von Staatenlosigkeit aufgrund der Divergenzen von Heimatrecht des VSG und dem Domizilprinzip der anderen Minderheitenschutzverträge zu vermeiden, wird ergänzend in Art. 65 Vertrag v. St. Germain auch der Erwerb der österreichischen Staatsangehörigkeit durch Geburt normiert: Allen Personen, die in österreichischem Hoheitsgebiet geboren wurden und nicht vermöge der Geburt eine andere Staatsangehörigkeit geltend machen können, wird die österreichische Staatsangehörigkeit gewährt.

Die gleichsam „negative Seite" der Staatsangehörigkeit normiert Art. 70 VSG. Danach erwarben alle Personen, die in einer Gemeinde heimatberechtigt waren, welche früher zu den Gebieten der ehemaligen österreichisch-ungarischen Monarchie gehört hatten „ohne weiters und unter Ausschluß der österreichi-

---

Timms, Citizenship and ‚Heimatrecht' after the Treaty of Saint-Germain, in: Ritchie Robertson/Edward Timms (Hg.), The Habsburg Legacy. National Identity in Historica Perspective, Austrian Studies V (1994), 158–168.

61 Gesetz v. 17. Oktober 1919, StGBl 481 über die Abänderung des Gesetzes über das deutschösterreichische Staatsbürgerrecht und über die zeitweise Unzulässigkeit von Aufnahmen in den Heimatverband.

62 Ulrike v. Hirschhausen, Von imperialer Inklusion zur nationalen Exklusion: Staatsbürgerschaft in Österreich-Ungarn 1867–1923, Wissenszentrum Berlin für Sozialforschung, Discussion Paper, No. SP IV 2007–403, Berlin 2007, 1–32.

63 Eingehende Analyse der Ausführungen der deutsch-österreichischen Friedensdelegation bei Josef L. Kunz, Die völkerrechtliche Option, Bd. 2, Breslau 1928, 157 ff.

schen Staatsangehörigkeit die Staatsangehörigkeit desjenigen Staates, der auf dem genannten Gebiete die Souveränität ausübt".

Für Italien, den SHS Staat und die Tschechoslowakei waren allerdings Ausnahmebestimmungen vorgesehen, bestimmte Personen trotz Heimatrecht in ihrem Gebiet nicht als ihre Staatsangehörige anzuerkennen (Art. 71–77 VSG).

Ergänzt wird diese Regelung durch eine Optionsmöglichkeit kraft früheren Heimatrechts (Art. 78). Danach können Personen, welche nach Art. 70 VSG ihre altösterreichische Staatsangehörigkeit verlieren, da sie *ipso iure* eine neue Staatsangehörigkeit erwarben, innerhalb eines Jahres für den Staat optieren, in dem sie ihr früheres Heimatrecht hatten.[64]

Spezifisch für die Kärntner Abstimmungsgebiete wurde auch eine Option nach Plebiszit vorgesehen. Danach haben die plebiszitberechtigten Bewohner („les habitants appelés à voter dans un plébiscite") das Recht, innerhalb von sechs Monaten nach endgültiger Zuweisung des Abstimmungsgebietes für den Staat zu optieren, dem dieses Gebiet nicht zugewiesen wurde.

Eine weitere Optionsmöglichkeit war die nach Rasse und Sprache, der berüchtigte Art. 80 VSG.

Dieser sah vor, dass Personen, die in einem zur ehemaligen österreichisch-ungarischen Monarchie gehörigen Gebiet heimatberechtigt waren und sich dort nach Rasse und Sprache von der Mehrheit der Bevölkerung unterschieden, innerhalb von sechs Monaten nach Inkrafttreten des VSG für Österreich, Italien, Polen, Rumänien, den serbisch-kroatisch-slowenischen Staat oder die Tschechoslowakei optieren konnten und – das ist entscheidend – je nachdem die Mehrheit der Bevölkerung die gleiche Sprache sprach und der gleichen Rasse wie der Optierende angehörte.

Dieses „Minoritätenoptionsrecht nach Rasse und Sprache"[65] trug im Ergebnis österreichischen Vorschlägen Rechnung und wurde in der Umsetzung zur Verhinderung der Einbürgerung von Juden instrumentalisiert.

Die Vollzugsanweisung über die innerstaatliche Bestimmung zur Durchführung des Optionsrechts[66] benannte nämlich demonstrativ Nachweismöglichkeiten für die sprachliche Zugehörigkeit, wie z.B. Zeugnisse über den Besuch deutscher Volks-, Bürger- und Mittelschulen, eine Festlegung von Merkmalen für die Rassenzugehörigkeit unterblieb aber.

Bereits am 10. März 1921 forderte das Plenum des österreichischen Nationalrates die Regierung in einer Resolution auf, bei Erledigung von Optionsan-

64 Vgl. die grundlegende Aufarbeitung der Entstehungsgeschichte der Staatsangehörigkeits- und Optionsnormen des VSG bei Kunz, Die völkerrechtliche Option, 188ff; weiters Thienel, Österreichische Staatsbürgerschaft, 53f.

65 Kunz, Die völkerrechtliche Option, 174, 199f; ergänzend Kolonovits, Rechtsfragen, 48f.

66 StGBl 307/1920.

suchen „insbesondere der Forderung der Rassenzugehörigkeit zur Mehrheit der österreichischen Bevölkerung gebührend Rechnung zu tragen“[67].

Mit dem Deutschnationalen Leopold Waber als Innenminister erfolgte die entsprechende Umsetzung. Nach der Waberschen Optionspraxis waren Optionsansuchen von Juden mit Verweis auf deren Rasse – Nichterfüllung der Voraussetzung der gleichen „Rasse“ wie die deutsche Bevölkerung – generell abzulehnen, eine Vorgangsweise, die durch die Judikatur des VwGH im Sinne einer antisemitischen Schließung gestützt wurde.[68]

Von Seiten der Großdeutschen wurde diese Praxis als ihr großes Verdienst herausgestrichen: So formulierte Karl Jung, Zehn Jahre nationale Politik in Österreich (1928): „Vom nationalpolitischen Standpunkt ist diese Übergangszeit des Kabinetts Schober aus dem Grund von besonderer Bedeutung, weil damals der erste großdeutsche Minister Deutschösterreichs, Doktor Waber, Gelegenheit fand, die erste wirkliche antisemitische Tat in der ganzen Geschichte des Antisemitismus zu setzen: die bekannte Wabersche Optionspraxis.“[69]

Im „Brünner Vertrag“ zwischen der Tschechoslowakei und Österreich 1920 kamen die Vertragspartner allerdings überein, bei der Durchführung der Optionsbestimmungen nach Art. 80 VSG „in liberaler Weise“ vorzugehen und insbesondere die Worte „per la race et la langue“ so auszulegen, dass „im allgemeinen praktisch hauptsächlich die Sprache als wichtigstes Kennzeichen der Volkszugehörigkeit in Betracht gezogen wird“ (Art. 9).[70] Diese Bestimmung betraf aber nur das Verhältnis von Österreich und der Tschechoslowakei.

Diese österreichische Praxis der Benachteiligung von Juden schlug sich auch in Völkerbundpetitionen nieder.

Zwei gleichlautende Petitionen französischer und britischer jüdischer Gemeinschaften (Joint Committee of Jewish Deputies/Alliance Israelite Universelle) an den Völkerbund – Vorenthaltung der Staatsbürgerschaft aufgrund ihres

---

67 Hannelore Burger, Heimatrecht und Staatsbürgerschaft österreichischer Juden vom Ende des 19. Jahrhunderts bis in die Gegenwart, Wien/Köln/Graz 2014, 138; Hannelore Burger, Heimat- und Staatenlos, in: Börries Kuzmany/Rita Garstenauer (Hg.), Aufnahmeland Österreich. Über den Umgang mit Massenflucht und Vertreibung seit dem 18. Jahrhundert, Wien 2017, 156–174, 165; Beatrix Hoffmann-Holter, „Abreisendmachung“. Jüdische Kriegsflüchtlinge in Wien 1914 bis 1925, Köln/Wien/Weimar 1995, 226–271; Ulrike v. Hirschhausen, Von imperialer Inklusion zur nationalen Exklusion: Staatsbürgerschaft in Österreich-Ungarn 1867–1923, Wissenszentrum Berlin für Sozialforschung, Discussion Paper, https://www.econstor.eu/bitstream/10419/49610/1/569197996.pdf (application/pdf.), 21 ff.

68 Erörterung der Judikatur bei Kolonovits, Rechtsfragen, 53 ff.

69 Zitiert nach Jens Budischowsky, Die staatskirchenrechtliche Stellung der österreichischen Israeliten, Wien 1995, 20, Anm. 92.

70 Vertrag zwischen der tschecho-slowakischen Republik und der Republik Österreich über Staatsbürgerschaft und Minderheitenschutz, BGBl 1921/1;. vgl. Thienel, Österreichische Staatsbürgerschaft, 59 f; Goldemund, Das österreichische Staatsbürgerschaftsrecht, 453–466 (Teilabdruck mit Kommentierung).

Judentums – blieben aber erfolglos, das Dreierkomitee sah keine Veranlassung für eine Weiterleitung an den Rat.[71]

In Anlehnung an Art. 3 PolenV sieht Art. 82 VSG eine generelle Nachfolgeregelung für den Erwerb der Staatsangehörigkeit durch Familienangehörige vor. Danach folgen verheiratete Frauen dem Stande ihres Gatten, Kinder unter 18 Jahre dem Stande ihrer Eltern. Obwohl gemäß Wortlaut diese Regelung sich nur „auf die Bestimmungen des gegenwärtigen Abschnittes" (Abschnitt VI) beziehen, gehen Praxis und Lehre von einem Redaktionsversehen aus und beziehen diese Bestimmung auch auf die in Abschnitt V enthaltenen Art. 64 und 65 sowie auf den Art. 230.[72]

Nach Art. 230 VSG war Österreich verpflichtet, den nach den Gesetzen der Alliierten und Assoziierten Mächte erfolgten Erwerb seiner Staatsangehörigkeit durch einen Österreicher anzuerkennen und diese Person nicht mehr als Österreicher zu behandeln.[73]

Mit Art. 90 VSG verpflichtet sich Österreich zur Anerkennung der Friedensverträge und Zusatzabkommen, welche von den AAM „mit den Mächten abgeschlossen sind oder abgeschlossen werden, die an der Seite der ehemaligen österreichisch-ungarischen Monarchie gekämpft haben". Mit dieser Bestimmung war auch die Anerkennung der Minderheitenschutzverträge mit Polen, der Tschechoslowakei, Jugoslawien und Rumänien erfasst.

Art. 91 VSG sieht die Anerkennung von Bestimmungen der AAM bezüglich der Staatsangehörigkeit für Gebiete der ehemaligen österreichisch-ungarischen Monarchie außerhalb der Grenzen Österreichs vor.

Diskriminierungsverbot – „Sprachenrechte" (Art. 66, 67, 68 VSG)

So statuiert Art. 66 die Gleichheit aller österreichischen Staatsbürger ohne Unterschied der Rasse, Sprache oder Religion und räumte diesen dieselben bürgerlichen und politischen Rechte ein. Es sollten, darauf wurde bereits im religionsrechtlichen Zusammenhang hingewiesen, Unterschiede in Religion, Glauben oder Bekenntnis (...) keinem österreichischen Staatsbürger beim Genuss der bürgerlichen oder politischen Rechte nachteilig sein, insbesondere bei der Zulassung zu öffentlichen Stellungen, Ämtern und Würden oder bei verschiedenen Erwerbstätigkeiten.

71 Truhart, Völkerbund und Minderheitenpetitionen, 88; Scheuermann, Minderheitenschutz, 207–209.

72 Vgl. näher Rudolf Thienel, Art. 64, 65 StV St. Germain, in: Karl Korinek/Michael Holoubek (Hg.), Österreichisches Bundesverfassungsrecht, 3. Lfg., Wien 2000, Rz 8.

73 Vgl. näher Kunz, Die völkerrechtliche Option, 171; Thienel, Österreichische Staatsbürgerschaft, 57.

Weiters durften keinem österreichischen Staatsangehörigen „im freien Gebrauch irgend einer Sprache im Privat- oder Geschäftsverkehr, in Angelegenheiten der Religion, der Presse oder irgend einer Art von Veröffentlichungen oder in öffentlichen Versammlungen, Beschränkungen" auferlegt werden.

Art. 67 VSG – Muster ist wie immer der Polenvertrag – räumt österreichischen Staatsbürgern, die einer Minderheit nach Rasse, Sprache oder Religion angehören, „rechtliche und faktische Gleichbehandlung" ein, insbesondere wurde ihnen das gleiche Recht anerkannt, auf eigene Kosten karitative, religiöse und soziale Einrichtungen sowie Schulen und andere Erziehungsanstalten zu errichten, zu leiten und zu beaufsichtigen und in ihnen ihre Sprache frei zu gebrauchen und ihre Religion frei auszuüben.

Inhaltlich ist dieser Schutzstandard bereits weitgehend in den Verbürgungen des Staatsgrundgesetzes über die allgemeinen Rechte der Staatsbürger für die im Reichsrat vertretenen Königreiche und Länder enthalten.[74]

Hinsichtlich des Sprachenrechts ist in Art. 66 Abs. 4 Folgendes vorgesehen: „Unbeschadet der Einführung einer Staatssprache durch die österreichische Regierung werden nicht deutschsprechenden österreichischen Staatsangehörigen angemessene Erleichterungen beim Gebrauch ihrer Sprache vor Gericht in Wort oder Schrift geboten werden."

Dazu korrespondierend legte dann Art. 8 B-VG 1920 die deutsche Sprache, unbeschadet der den sprachlichen Minderheiten bundesgesetzlich eingeräumten Rechte, als Staatssprache der Republik fest.

Der persönliche Geltungsbereich dieser Regelung stellt auf die „nicht deutschsprechenden österreichischen Staatsangehörigen" ab. Der authentische französische Text – „ressortissants autrichiens de langue autre que l'allemand" – verdeutlicht, dass damit österreichische Staatsangehörige mit nichtdeutscher Muttersprache, d.h. die Angehörigen aller sprachlichen Minderheiten unabhängig davon, ob sie der deutschen Sprache mächtig sind oder nicht, gemeint sind. Die deutsch-österreichische Friedensdelegation und die österreichische Regierung sahen nämlich demgegenüber nur österreichische Staatsangehörige, denen die Kenntnis der deutschen Sprache fehlt, erfasst.[75]

Inhaltlich wird der Gesetzgeber verpflichtet, „angemessene Erleichterungen" zum Gebrauch der Minderheitensprache vor Gericht („tribunaux") festzulegen. Die Umsetzung hat darauf abzustellen, dass verfahrensrechtliche Vorkehrungen erfolgen, tatsächliche und rechtliche Voraussetzungen für den Gebrauch der

---

74 RGBl 142/1867, Art. 2 und 3; Gabriele Kucsko-Stadlmayer, Art. 66/2 StV St. Germain, in: Karl Korinek/Michael Holoubek (Hg.), Österreichisches Bundesverfassungsrecht, 7. Lfg., Wien 2005, Rz 2; Markus Vašek, Art 66 StV von St. Germain, in: Benjamin Kneihs/Georg Lienbacher (Hg.), Rill-Schäffer-Kommentar Bundesverfassungsrecht, Bd. 9, 21. Lfg., Wien 2018.

75 Kolonovits, Sprachenrecht, 57ff, 120.

Minderheitensprache wie z. B. die Zurverfügungstellung von Dolmetschern vor Gericht.

Die österreichische Regierung stand dieser Regelung ablehnend gegenüber. Die Staatskanzlei hatte schon 1919 in einem Gutachten angemerkt, man könne in einem national einheitlichen Staat nicht verlangen, „bei sämtlichen Gerichten Beamte anzustellen, welche alle nur erdenklichen Sprachen beherrschen". Unter den „angemessenen Erleichterungen" verstand die Staatskanzlei nur die Beiziehung eines Dolmetsch vor Gericht und nichtamtliche Übersetzungen von Schriftstücken, welche „im übrigen von den Angehörigen der geschützten Minderheit bezahlt werden müßten".[76]

Ein eigenwillig restriktives Verständnis wurde übrigens in Kärnten von der deutschsprachigen Mehrheit an den Tag gelegt. Der Begriff „nicht deutschsprechend" wurde so verstanden, dass den Slowenen angemessene Erleichterungen vor Gericht nicht zu gewähren seien, da sie ohnehin Deutsch verstünden, also ein diesbezügliches Rechtsschutzinteresse fehle.

Art. 68 VSG sieht Schutzregelungen im Schulbereich vor. In Städten und Bezirken, in denen fremdsprachige österreichische Staatsangehörige in „verhältnismäßig beträchtliche(r) Zahl" wohnen, obliegt der österreichischen Regierung die Verpflichtung zur Schaffung „angemessene(r) Erleichterungen", um sicher zu stellen, dass in den Volksschulen den Kindern dieser österreichischen Staatsangehörigen der Unterricht in ihrer Muttersprache erteilt wird. Die Möglichkeit der österreichischen Regierung den Unterricht in deutscher Sprache als Pflichtgegenstand zu machen, bleibt davon unberührt (Art. 68 Abs. 1).

Die österreichische Friedensdelegation stand auch diesen Festlegungen sehr reserviert gegenüber – eine derartige Bestimmung sei „in einem Staat mit einheitlicher Sprache für die Bevölkerung von keinem besonderen Interesse" und merkte auch an, dass die Auslegung der Begriffe, „verhältnismäßig beträchtliche Zahl" und „angemessene Erleichterungen", „Sache der Rechtsprechung" seien.[77]

Weiters ist vorgesehen (Abs. 2), dass in Städten und Bezirken[78] mit rassischen, religiösen oder sprachlichen Minderheiten in verhältnismäßig beträchtlicher

76 Haas, Die österreichische Regierung, 26; Ergebnis der im Bundeskanzleramt am 26. und 28. November 1921 abgehaltenen Besprechung über die Frage der Behandlung der Minoritäten in Österreich, abgedruckt bei Haas, Die österreichische Regierung, 38–40; Theodor Veiter, Volksgruppenrecht 1918–1938, Wien 1980, 44.

77 Bericht über die Tätigkeit der deutschösterreichischen Friedensdelegation in St. Germain-en-Laye, Bd. 1, 34; Dieter Kolonovits, Verpflichtung zur Förderung der Minderheiten aus den „Staats-Gemeinde und anderen Budgets", in: migralex 2 (2004), 38ff (Teil 1), 1 (2005), 2ff, Teil 2, hier Teil 19f; Theodor Veiter, Das Recht der Volksgruppen und Sprachminderheiten in Österreich, Wien 1970, 500.

78 Unter Städte und Bezirke („villes et districts") sind nicht – so eine einengende Interpretation – Verwaltungsbezirke im staatsrechtlichen Sinne, sondern die von den Angehörigen der Minderheiten bewohnten Siedlungsgebiete gemeint.

Anzahl, diesen ein angemessener Teil an dem Genuss und der Verwendung der Summen sichergestellt werden muss, die in staatlichen, kommunalen oder anderen Haushaltsplänen für Zwecke der Erziehung, der Religion oder der Wohlfahrt vorgesehen sind.

Diesen „fördernden Minderheitenschutz" lehnte die Friedensdelegation ab und wollte in ihrem Gegenvorschlag den Minderheiten nur einräumen, „auf Grund von gesetzlichen Bestimmungen über ihre Organisation [...] besondere Taxen festzulegen und von ihren Mitgliedern einzuheben, und zwar gemäß dem Vermögensstande und nach Maßgabe der Verteilung der bestehenden Abgaben". Dieser Vorschlag sei gerechtfertigt, „um die allgemeinen Interessen der Mehrheit der Bevölkerung zu schützen" und verhindere eine „Verzettelung" der öffentlichen Mittel.[79]

1921 entschied die Regierung daher konsequent, dass zur Durchführung von Art. 68 Abs. 2 VSG ein „allgemeines Gesetz naturgemäß nicht geschaffen werden könnte, dessen Inhalt vielmehr nur im konkreten Fall in Erscheinung treten kann, so zwar, dass in dieser Hinsicht Antworten auf etwaige Anfragen nur bei Vorliegen konkreter Beschwerden erteilt werden könnten."[80]

Das Problem Minderheitenschutz-Sprache führte auch zu Völkerbundbeschwerden: Der Národny výbor, das tschechische Nationalkomitee in Wien, legte am 15. Oktober 1921 Beschwerde ein, wonach in den Schulen in Wien mit tschechischer Unterrichtssprache keine Kurse in deutscher Sprache abgehalten würden. Auch sei die Lehrmittelausstattung unzureichend und der nur am Nachmittag stattfindende Unterricht sei wegen der nachlassenden Aufnahmefähigkeit der Kinder am Nachmittag abzulehnen.

Die österreichische Regierung verwies auf den Inhalt der Minderheitenschutzklauseln, die keine Verpflichtung beinhalten, auch die Staatssprache in den Minderheitenschulen zu unterrichten. Weiters lebten in Wien nur 98.430 Tschechen, ein Anteil von 3 % entspreche nicht der im Friedensvertrag geforderten verhältnismäßig beträchtlichen Zahl. Der tschechische Unterricht finde am Nachmittag statt, da noch keine eigenen Schulgebäude für die tschechische Minderheit errichtet werden konnten und deshalb auf Schulen ausgewichen werden müsse, in denen am Vormittag in deutscher Sprache unterrichtet werde. Die schwere Wirtschaftskrise verhindere eine Finanzierung tschechischer Lehrbücher. Verbesserungen seien erst bei entsprechendem Wirtschaftsauf-

79 Bericht über die Tätigkeit der deutschösterreichischen Friedensdelegation in St. Germain-en-Laye, Bd. 1, 347.

80 Haas, Die österreichische Regierung, 32, Abdruck des „Ergebnis(ses) der im Bundeskanzleramt am 16. und 28. November 1921 abgehaltenen Besprechung über die Frage der Behandlung der Minoritäten in Österreich", ebd., 38–40.

schwung möglich. Das Dreierkomitee gab sich mit dieser Erklärung zufrieden. Der Národny výbor richtete schließlich Deutschkurse auf eigene Kosten ein.[81]

Der slowenische Schulverein beklagte sich in einer im Januar 1922 in Genf eingegangenen Petition, wonach in Kärnten für die slowenische Minderheit nur utraquistische staatliche Schulen eingerichtet seien, die aber faktisch deutsche Schulen seien und der „Germanisierung" dienten. Auch seien zwei slowenische Privatschulen behördlicherseits geschlossen worden. Die österreichische Regierung erläuterte, den meisten Slowenen sei mit zweisprachigem Unterricht in utraquistischen Schulen am besten gedient und eine slowenische Privatschule (St. Jakob im Rosenthal) werde wieder zugelassen. Das Verfahren wurde nicht beendet.[82]

Resümee

Die Minderheitenschutzbestimmungen des Vertrages von St. Germain sind Geschichte. Ihre Wertigkeit im gegenwärtigen Verfassungssystem ist zu relativieren. Manche Bestimmungen wie die Regelung der Staatsbürgerschaft (Art. 64 und 65 VSG) wurden obsolet, andere wie z. B. die sprachenrechtlichen Bestimmungen des Art. 66 VSG durch „fortschrittlichere bzw. weiterreichende Bestimmungen" überlagert.

Zentrale Bedeutung in diesem Überlagerungsvorgang kommt dem Staatsvertrag von Wien 1955 zu: Am 27. Juli 1955 trat Art. 7 Staatsvertrag mit völkerrechtlichen Minderheitenschutzbestimmungen über die Rechte der Angehörigen der kroatischen und slowenischen Minderheiten in den Bundesländern Kärnten, Burgenland und Steiermark in Kraft, 1964 wurde Art. 7 Ziff. 2–4 rückwirkend in Verfassungsrang gehoben.

Die Vorschriften des Art. 7 sind in der Praxis des juristischen Minderheitenschutzes essenziell. Die meisten Erkenntnisse des VfGH betreffen Auslegungsfragen des Art. 7, in den meisten Fällen aus Anlass von Fragestellungen, welche die slowenischen Minderheiten in Kärnten betroffen haben. Auch die wesentlichen einfachgesetzlichen Minderheitenschutzbestimmungen, wie etwa das Volksgruppengesetz 1976, das Minderheiten-Schulgesetz für Kärnten 1959 und für das Burgenland 1994, sind als Durchführungsgesetze zu Art. 7 ergangen.

Dessen ungeachtet, wie ist grundsätzlich das Minderheitenschutzsystem des Völkerbundes retrospektiv zu bewerten? Was wurde aus dem Friedensprojekt

81 Scheuermann, Minderheitenschutz, 198ff; Veiter, Volksgruppenrecht 1918–1938, 41f; Truhart, Völkerbund und Minderheitenpetitionen, 121.

82 Scheuermann, Minderheitenschutz, 199ff; Suppan, Jugoslawien, 798ff; Veiter, Volksgruppenrecht 1918–1938, 4; Truhart, Völkerbund und Minderheitenpetitionen, 120.

der „peacemaker", einem Projekt, das von so vielen Hoffnungen und Erwartungen begleitet wurde?

Sogar Otto Bauer formulierte im Dezember 1918, für einen Marxisten durchaus überraschend: „Es soll ja das Grundgesetz der neuen Weltordnung sein, (von) deren Entstehung die ganze Menschheit hofft, dass Streitigkeiten in der Zukunft nicht mehr durch Gewalt, sondern durch Schiedsspruch auf Grund des Rechts entschieden werden."[83]

Diese Hoffnungen haben sich nicht erfüllt, die Geschichte des 20. Jahrhundert spricht diesbezüglich eine eindeutige Sprache.

Unübersehbar ist der Völkerbund mit der von ihm intendierten Friedenssicherung politisch gescheitert. In den 1920er-Jahren wurde er zum Schauplatz eines internationalen Kräftemessens, zum Spielball widerstreitender Interessen und mangelnder Kooperationsbereitschaft, in den 1930er-Jahren sank er zur bloßen Fassade herab. Mit der Auflösung 1946 endete auch das unter seiner Ägide stehende Minderheitenschutzsystem.

Dies ist aber nur eine Seite der Medaille.

In der weiteren völkerrechtlichen Entwicklung – Gründung der Vereinten Nationen etc. – wurde der Minderheitenschutz vom allgemeinen Menschenrechtsschutz mitumfasst.

In dieser Entwicklung nimmt der Völkerbund mit seinem Mechanismus zum Schutz nationaler Minderheiten eine entscheidende Vorläuferrolle ein. Er war – so Christian Pippan – „ein Pionier für den nach 1945 insgesamt auf eine breitere Basis gestellten völkerrechtlichen Minderheitenschutz, wie er (wenngleich zunächst nur zögerlich) im Rahmen des UN-Systems und in der Folge – auf regionaler Ebene – im Rahmen des Europarates und der Organisation für Sicherheit und Zusammenarbeit in Europa verwirklicht werden konnte"[84].

83 Ernst Hanisch, Der große Illusionist: Otto Bauer (1881–1938), Wien/Köln/Weimar 2011, 165.
84 Pippan, Die völkerrechtlichen Konsequenzen.

Thomas Olechowski

Das „Anschlußverbot" im Vertrag von Saint Germain*

I. Einleitung

Die völkerrechtswidrige Annexion[1] Österreichs durch das Deutsche Reich im Jahr 1938, die schon von den ZeitgenossInnen als „Anschluß" bezeichnet wurde, war der Beginn des dunkelsten Kapitels in der österreichischen Geschichte. Er brachte Tod und Vernichtung für tausende ÖsterreicherInnen, sowie Raub und Zerstörung von Sach- und Kulturgütern bislang unbekannten Ausmaßes, um nur die wichtigsten Folgen zu nennen. Das per se neutrale[2] Wort „Anschluß" – hier als historischer terminus technicus stets in der Schreibweise der Rechtschreibregeln von 1903 geschrieben – wird im Kontext der Geschehnisse des Jahres 1938 heute als Euphemismus gesehen und daher in modernen Darstellungen, wenn überhaupt, dann nur mit Apostrophen verwendet.[3]

Das Bewusstsein um die Geschehnisse der Jahre 1938–1945 erschwert einen Zugang sine ira et studio zu den Debatten, die noch vor der NS-Machtergreifung in Deutschland und Österreich zu einer staatsrechtlichen Vereinigung der beiden Staaten stattfanden. Dabei sollte klar sein, dass Bestrebungen, einen demokratischen Rechtsstaat in einen anderen zu integrieren, sich grundlegend von

* Stark erweiterte Fassung meiner Kommentierung des Art. 88 VSG in: Herbert Kalb/Thomas Olechowski/Anita Ziegerhofer (Hg.), Der Vertrag von St. Germain (in Vorbereitung). Einzelne Passagen enthalten wörtliche Übereinstimmungen.

1 So die juristisch korrekte Analyse der Vorgänge vom März 1938 durch Hans Kelsen in einem Gutachten vom 1. 6. 1944 für das US-State Department; vgl. dazu Thomas Olechowski, Hans Kelsens Gutachten zur Neugestaltung Österreichs und Deutschlands nach dem Zweiten Weltkrieg, in: Clemens Jabloner/Thomas Olechowski/Klaus Zeleny (Hg.), Das internationale Wirken Hans Kelsens (Schriftenreihe des Hans Kelsen-Instituts 38), Wien 2016, 121–129, das Gutachten selbst ebenda, 130–140.

2 Rudolf Neck, Anschluß 1938 – einige Bemerkungen zum Ende der Ersten Republik, in: Rudolf Neck/Adam Wandruszka (Hg.), Anschluß 1938, Wien 1981, 11–15, 15.

3 So etwa bei Oliver Rathkolb, Erste Republik, Austrofaschismus, Nationalsozialismus (1918–1945), in: Thomas Winkelbauer (Hg.), Geschichte Österreichs, Stuttgart 2015, 477–524, 508.

dem für faschistische Systeme typischen Imperialismus unterscheiden.[4] Es darf allerdings auch nicht übersehen werden, dass gewisse Problematiken, wie etwa die Hauptstadtfrage, unabhängig von den verfassungsrechtlichen Systemen der beiden Staaten waren und insofern die „Anschlußdebatte" sehr wohl eine gewisse Kontinuität vor und nach der NS-Machtergreifung aufwies.

Der gegenständliche Beitrag kann nicht allen Facetten dieser Debatte nachgehen. Er versucht lediglich, die (rechts-)historischen Hintergründe, den konkreten juristischen Gehalt und die Folgen eines Textes zu analysieren, der in diesem Zusammenhang eine zentrale Rolle spielte: des in Artikel 88 des Vertrags von Saint Germain (im Folgenden: VSG) enthaltenen „Anschlußverbotes".

II. Österreich und das Reich bis 1918

Die heute immer wieder gestellte Frage, weshalb so viele Österreicherinnen und Österreicher den „Anschluß" wollten, ist im Grunde ein unhistorischer Zugang zur Problematik. Denn der „Anschlußwunsch" wurde 1918 als so selbstverständlich gesehen, dass er – zumindest innerhalb Österreichs – kaum einer Rechtfertigung bedurfte. Das Gebiet, auf das der am 30. Oktober 1918 gebildete Staat Deutschösterreich Anspruch erhob, war bis 1806 nicht nur irgendein Teil des Römisch-deutschen Reiches gewesen, es war Teil der Erblande des römisch-deutschen Kaisers, der seit 1438 (mit einer Unterbrechung 1740–1765) stets vom „Haus Österreich" gestellt worden war. Heraldisch wurde dies dadurch ausgedrückt, dass der römisch-deutsche Reichsadler auf seiner Brust das rot-weiß-rote (eigentlich rot-silber-rote) Hauswappen der Habsburger trug.[5] Wien war somit seit Beginn der Neuzeit fast ununterbrochen die Reichshaupt- und Residenzstadt des Kaisers und seiner Behörden, wie insbesondere der Reichshofkanzlei und des Reichshofrates, gewesen und beherbergt bis zum heutigen Tag

4 So hat insbesondere der österreichische Staatsrechtler Adolf J. Merkl, der ursprünglich einer der glühendsten Befürworter eines solchen „Anschlusses" unter demokratischen Vorzeichen war, sich später von den tatsächlichen Geschehnissen des März 1938 distanziert und den damals angeblich stattgefundenen „Anschluß" als „Geschichtslegende" bezeichnet: Adolf J. Merkl, Der Anschluß Österreichs an das Deutsche Reich – eine Geschichtslegende, in: Juristische Blätter 77 (1955), 439–440. Zu seiner Haltung im Jahr 1938 selbst vgl. Kamila Staudigl-Ciechowicz, Von Adamovich bis Pfeifer. Eine Auseinandersetzung mit der Staatsrechtslehre an der Universität Wien in Zeiten der politischen Umbrüche der ersten Hälfte des 20. Jahrhunderts, in: Franz-Stefan Meissel/Thomas Olechowski/Ilse Reiter-Zatloukal/Stefan Schima (Hg.), Vertriebenes Recht – Vertreibendes Recht (Juridicum Spotlight II), Wien 2012, 203–232, 215f.

5 Diese Kombination war zu Beginn des 19. Jahrhunderts so selbstverständlich geworden, dass sie auch 1804/1806 für das Wappen des Kaisertums Österreich und 1919 für die Republik Österreich übernommen wurde, ohne ihre ursprüngliche Bedeutung zu hinterfragen. Vgl. Peter Diem, Die Symbole Österreichs, Wien 1995, bes. 117ff.

(mit Unterbrechung ausgerechnet in der NS-Zeit) die Reichskrone und die übrigen Reichskleinodien in der Schatzkammer in der Hofburg.[6] Die 1796/97 von Joseph Haydn komponierte „Kaiserhymne“ war bis 1938 bzw. bis 1945 offizielle Hymne sowohl in Österreich als auch im Deutschen Reich.[7]

Doch beherrschten die Habsburger auch eine Reihe von Ländern, die außerhalb des Römisch-deutschen Reiches, beziehungsweise, 1815–1866, außerhalb des Deutschen Bundes lagen, und es war die Beziehung zu diesen Ländern, die 1848 den Vertretern der „großdeutschen Lösung“ in der Frankfurter Paulskirche am meisten Kopfzerbrechen bereitete.[8] Die mit der Reichsverfassung vom 28. März 1849 gefundene Lösung – Teilung der Habsburgermonarchie in einen deutschen und einen nichtdeutschen Teil, die lediglich in Personalunion vereint sein dürften, jedoch eine jeweils eigene Verfassung, Regierung und Verwaltung haben müssten[9] – war nur zum Schein eine „Frage an Österreich“. Denn mit der am selben Tag erfolgten Wahl des Preußenkönigs Friedrich Wilhelm IV. zum „Kaiser der Deutschen“ war klar, dass die Befürworter der „kleindeutschen Lösung“ in der Paulskirche die Oberhand gewonnen hatten. Der österreichische Kaiser hätte sich niemals einem anderen Kaiser unterworfen; auch widersprach die deutsche Reichsverfassung der erst wenige Tage alten österreichischen Reichsverfassung vom 4. März 1849,[10] die einen zentralistischen Staatsaufbau der gesamten Habsburgermonarchie vorsah.

Die Lösung der Deutschen Frage erfolgte letztlich durch „Eisen und Blut“, und nach der verlorenen Schlacht von Königgrätz (3. Juli 1866) musste Österreich im Frieden von Prag nicht nur der Auflösung des Deutschen Bundes, sondern auch einer „neuen Gestaltung Deutschlands ohne Betheiligung des Oesterreichischen Kaiserstaates“ zustimmen.[11] Grillparzer schrieb damals „Als Deutscher ward ich geboren. Bin ich noch einer?“[12] Tatsächlich wurde das Deutsche Reich 1871 ohne Miteinbeziehung Österreichs geschaffen. Die „großdeutsche Idee“ existierte aber weiter, sie besaß viele Anhänger nicht nur bei den Alldeutschen unter Georg v. Schönerer, sondern auch in anderen Parteien, wie etwa den Sozialdemokraten

6 Klaus-Peter Schroeder, Die Nürnberger Reichskleinodien in Wien, in: Zeitschrift der Savigny-Stiftung für Rechtsgeschichte, Germanistische Abteilung 108 (1991), 323–346.
7 Diem, Symbole, 139.
8 Adam Wandruszka, Großdeutsche und kleindeutsche Ideologie 1840–1871, in: Robert A. Kann/Friedrich E. Prinz (Hg.), Deutschland und Österreich, Wien–München 1980, 110–142, 118.
9 § 2 Reichsverfassung v. 28.3.1849, in: Ernst R. Huber (Hg.), Dokumente zur deutschen Verfassungsgeschichte I, 3. Auflage, Stuttgart u. a. 1978, Nr. 108.
10 Reichsverfassung v. 4.3.1849, Reichsgesetzblatt für das Kaiserthum Oesterreich Nr. 150.
11 Prager Frieden v. 23.8.1866, in: Ernst R. Huber (Hg.), Dokumente zur Deutschen Verfassungsgeschichte, Bd. II, 3. Aufl., Stuttgart/Berlin/Köln/Mainz 1986, Nr. 185.
12 Grillparzers Sämtliche Werke, 3. Ausgabe, Bd. I, Stuttgart 1878, 164.

(weniger bei den Christlichsozialen aufgrund deren Loyalität zum Kaiserhaus). Allerdings waren die Chancen auf Realisierung bis 1918 gering.[13]

III. Der „Anschlußwunsch" und die Gründung der Republik Deutschösterreich

Neue Aktualität erhielt die „Anschlußfrage" durch den Zerfall der Monarchie 1918, als Deutschösterreich für sich alleine nicht als wirtschaftlich überlebensfähig erachtet wurde.[14] Zu berücksichtigen ist hier auch, dass die beiden Länder Deutschböhmen und Sudetenland territorial mit dem Rest Deutschösterreichs kaum bzw. nicht zusammenhingen, dagegen eine breite Grenze zu Preußen, Sachsen und Bayern aufwiesen. Da sich bereits im Oktober 1918 herauskristallisierte, dass eine wirtschaftliche Vereinigung Deutschösterreichs mit den anderen Nachfolgestaaten unmöglich sein werde, fand der Gedanke eines „Anschlusses" an Deutschland breite Zustimmung.[15] Am 12. November 1918 beschloss die Provisorische Nationalversammlung einstimmig das Gesetz über die Staatsform, das in Art. 1. Deutschösterreich zu einer Republik, zugleich jedoch in Art. 2 zu einem Bestandteil der „Deutschen Republik" erklärte.[16] Dies wurde am 12. März 1919, nach der Wahl der Konstituierenden Nationalversammlung, von dieser bestätigt.[17]

Über die Gründe für den „Anschlußwunsch" Deutschösterreichs informierte der sozialdemokratische Staatssekretär des Äußeren, Otto Bauer, den US-amerikanischen Präsidenten T. Woodrow Wilson in einem bemerkenswerten Schreiben vom 14. November 1918. Er verwies hier direkt auf die Schlacht von Königgrätz, wenn er hervorhob, dass die „enge staatsrechtliche Verbindung" zwischen Deutschland und Österreich erst „vor 52 Jahren durch das Schwert zerrissen worden sei", und das „deutsche Volk in Österreich" mit dem Gesetz

13 Robert A. Kann, Das Deutsche Reich, in: Kann/Prinz (Hg.), Deutschland und Österreich, 143–160, 158–159; Richard Saage, Die deutsche Frage. Die Erste Republik im Spannungsfeld zwischen österreichischer und deutscher Identität, in: Helmut Konrad/Wolfgang Maderthaner (Hg.), …der Rest ist Österreich I, Wien 2008, 65–82, 67–68.

14 Josef L. Kunz, Die Revision der Pariser Friedensverträge. Eine völkerrechtliche Untersuchung, Wien 1932, 11; Alfred D. Low, Die Anschlußbewegung in Österreich und Deutschland, 1918–1919, und die Pariser Friedenskonferenz, Wien 1975, 46–53.

15 Vgl. dazu schon Thomas Olechowski, Verfassungsentwürfe, Föderalismus und „Anschlussfrage", in: Robert Kriechbaumer/Michaela Maier/Maria Mesner/Helmut Wohnout (Hg.), Die Junge Republik. Österreich 1918/19, Wien/Köln/Weimar 2018, 77–86, 77 f.

16 Gesetz vom 12. 11. 1918 über die Staatsform, Staatsgesetzblatt für den Staat Deutschösterreich 1918 Nr. 5. Vgl. Low, Anschlußbewegung, 54–62.

17 Gesetz vom 12. 3. 1919 über die Staatsform, Staatsgesetzblatt für den Staat Deutschösterreich 1919 Nr. 174.

vom 12. November 1918 sein „Selbstbestimmungsrecht" ausgeübt hatte. „Das Recht der Polen, der Italiener, der Südslawen, die bisher dem österreichischen Staat angehört haben, sich mit ihren Nationalstaaten außerhalb Österreichs zu vereinigen, haben Sie, Herr Präsident, verfochten; wir sind überzeugt, dass Sie dasselbe Recht auch dem deutschen Volk in Österreich zuerkennen werden."[18]

Noch bevor er seinen Brief an Wilson abgesendet hatte, am 13. November, sandte Bauer auch ein Telegramm nach Berlin, in dem er den Rat der Volksbeauftragten Deutschlands vom Anschlußwunsch Deutschösterreichs informierte (und außerdem um Unterstützung mit Kohle und Lebensmitteln bat, was angesichts der katastrophalen wirtschaftlichen Situation Deutschösterreichs das dringendste Bedürfnis der Bevölkerung war). In Berlin stieß das Telegramm nicht auf ungeteilte Zustimmung. Der Rat beschloss, „bei der Antwort [...] wegen der internationalen Gesamtlage auf die Angliederungsfrage nicht einzugehen."[19] Am 16. November wurde im „Berliner Tageblatt" eine völlig unverbindliche Antwort der deutschen Regierung publiziert, worauf es am Folgetag in der deutschen Hauptstadt zu einer Demonstration und mehreren Ansprachen für den „Anschluß" kam.[20] Im österreichischen Staatsrat berichtete Freiherr v. Pantz, dass die Gegner des „Anschlusses" die mangelnde Reaktion der deutschen Regierung bereits für Agitationen ausnützen würden und befragte Staatskanzler Renner, was er zu tun gedenke, worauf Renner nur zu entgegnen wusste, dass Deutschland so viel mit eigenen Problemen beschäftigt sei, dass die deutsche Regierung noch nicht zu einer offiziellen Antwort gekommen sei.[21]

Tatsächlich war die Stimmung in Deutschösterreich nicht so eindeutig für den „Anschluß", wie es auf den ersten Blick den Anschein hatte, und wenn auch das Gesetz vom 12. November einstimmig beschlossen worden war, so hingen doch namentlich viele Christlichsoziale der Habsburgermonarchie – und das heißt: sowohl dem Vielvölkerstaat als auch dem Kaiserhaus – nach, und dies umso mehr, als überall in Deutschland die Marxisten nach der Macht strebten. Der politisch einflussreiche Priester Ignaz Seipel (1922–1924 und 1926–1929 österreichischer Bundeskanzler) schrieb damals einem Freund: „In dem Deutschland

18 Schreiben des Staatsamtes für Äußeren an den Präsidenten der USA v. 14. 11. 1918, in: Wiener Abendpost Nr. 263 v. 16. 11. 1918, 1.

19 Susanne Miller (Bearb.), Die Regierung der Volksbeauftragten 1918/19. Erster Teil, Düsseldorf 1969, 45.

20 Neue Freie Presse Nr. 19481 v. 18. 11. 1918, 2; Anm. 48 zum Staatsratsprotokoll v. 18. 11. 1918, in: Staatsratsprotokolle II (im Druck). Ich danke Herrn Prof. Wolfgang Mueller, Mag. Stefan Semotan und Mag. Clemens Reisner für die Erlaubnis zur Benützung und Zitierung des noch nicht veröffentlichten Bandes II der Staatsratsprotokolle.

21 Pantz und Renner in der Sitzung des Staatsrates v. 18. 11. 1918, in: Staatsratsprotokolle II (im Druck).

von heute, in dem es den Terror von Soldatenräten und eine sozialistische Diktatur gibt und ein Kurt Eisner regieren kann, haben wir nichts zu suchen."[22]

Am 6. Februar 1919 kam in Weimar die verfassunggebende Deutsche Nationalversammlung zusammen; der Vorsitzende des „Rates der Volksbeauftragten", Friedrich Ebert, begrüßte die Abgeordneten und berichtete ihnen von der „historische[n] Kundgebung" Deutschösterreichs, dass es „mit dem Mutterlande für alle Zeiten vereinigt werden" wolle und erwiderte sie im Namen der Nationalversammlung „mit gleicher, herzlicher Brüderlichkeit".[23] Am 13. Februar erinnerte der neue Reichsaußenminister Ulrich Graf Brockdorff-Rantzau an die jahrhundertelange gemeinsame Geschichte Deutschlands und Österreichs und bezeichnete als eine „Korrektur der Reichsgründung" von 1871, wenn man sich nun wieder mit den Österreichern „zusammenfinde".[24] Die Nationalversammlung reagierte auf diese Reden jedesmal mit lebhaftem Beifall. Das war zwar keine rechtlich bindende Erklärung, aber doch politisch starker Rückenwind für die „Anschlußbewegung". Als Otto Bauer daher knapp drei Wochen später nach Berlin fuhr, um dort persönlich in Verhandlungen mit der deutschen Reichsregierung zu treten, war ein – vorsichtiger – Optimismus durchaus angebracht.

Diese Verhandlungen, die Bauer gemeinsam mit dem deutschösterreichischen Gesandten in Berlin, Ludo Moritz Hartmann – Sohn eines Abgeordneten der Frankfurter Paulskirche –, führte, erwiesen sich jedoch als außerordentlich schwierig, da die deutsche Reichsregierung noch immer zögerte. Eine deutliche Stärkung des Deutschen Reiches durch den Hinzutritt mehrerer Millionen DeutschösterreicherInnen wäre kaum im Interesse der Siegermächte gelegen und hätte die Friedensverhandlungen unter einem ungünstigen Stern beginnen lassen. Man beschloss schließlich, den Verhandlungen in Paris nicht mit einem fait accompli vorweggreifen zu wollen, womit der „Anschluß" auf die lange Bank geschoben wurde. Zu Recht befürchtete Hartmann damals, dass eine einmalige Chance vertan worden war.[25]

---

22 Ignaz Seipel, Brief an E. Krebs. v. 17. 12. 1918, zit. n. Stephan Verosta, Ignaz Seipels Weg von der Monarchie zur Republik, in: Die österreichische Verfassung von 1918 bis 1938. Protokoll des Symposiums in Wien am 19. Oktober 1977, Wien 1980, 13–52, 29. Vgl. auch Thomas Olechowski, Ignaz Seipel, Vom k.k. Minister zum Berichterstatter über die republikanische Bundesverfassung, in: Beiträge zur Rechtsgeschichte Österreichs 2 (2012), 317–335, 328.

23 Ebert in der Sitzung der Deutschen Nationalversammlung v. 6. 2. 1919, in: Verhandlungen der verfassunggebenden Deutschen Nationalversammlung, Berlin 1920, 2.

24 Brockdorff-Rantzau in der Sitzung der Deutschen Nationalversammlung v. 14. 2. 1919, in: Verhandlungen der verfassunggebenden Deutschen Nationalversammlung, Berlin 1920, 68f. Vgl. dazu auch Klaus Schwabe, Versailles I – Bedingungen, Enttäuschungen und Erfolge, in: Beiträge zur Rechtsgeschichte Österreichs 9 (2019, im Druck), bei Anm. 14.

25 Siehe die Sitzungsprotokolle in: Außenpolitische Dokumente der Republik Österreich, Bd. 1, Wien 1993, Nr. 171–173 und 175–176, das Abschlussprotokoll v. 2. 3. 1919 unter Nr. 177

Da sich Deutschland nicht zu einer rechtsverbindlichen Erklärung durchringen konnte, kam den deutschösterreichischen Gesetzesbestimmungen vom 12. November 1918 und 12. März 1919 keinerlei rechtliche Wirkung zu; sie waren, wie es der Staatsrechtler Hans Kelsen formulierte, eine bloße „politische Demonstration".[26] Daher traten auch die im Herbst 1918 in Deutschland und in Deutschösterreich beschlossenen Gesetzesbestimmungen, wonach deutsche StaatsbürgerInnen zur Konstituierenden Nationalversammlung für Deutschösterreich, deutschösterreichische StaatsbürgerInnen dagegen zur Wahl der Weimarer Nationalversammlung wahlberechtigt sein sollten, niemals in Kraft.[27] Stattdessen wählte die Konstituierende Nationalversammlung, auf Einladung der Deutschen Reichsregierung, am 24. April 1919 aus ihrer Mitte fünf Abgeordnete – die Sozialdemokraten Simon Abram und Oswald Hillebrand, die Christlichsozialen Karl Hugelmann und Rudolf Ramek, sowie den Großdeutschen Leopold Waber – die mit beratender Stimme an der Weimarer Nationalversammlung teilnehmen sollten. Letztlich wurde aber auch davon Abstand genommen.[28]

Grundlage der Weimarer Beratungen war ein vom Berliner Staatsrechtler Hugo Preuß ausgearbeiteter Verfassungsentwurf.[29] Eine Vorversion dieses Entwurfes, der sog. Entwurf I vom 3. Jänner 1919, hatte auch die Einbeziehung Deutschösterreichs in den Geltungsbereich dieser Verfassung vorgesehen, wobei die sudetendeutschen Länder – vorerst nur zum Zweck der Beschickung der Länderkammer, des Reichsrates – an die angrenzenden Gebiete „Schlesien", „Obersachsen" und „Bayern" angegliedert, Wien nach dem Vorbild Berlins zu einem eigenen Gebiet gemacht, die übrigen Länder jedoch zum Gebiet „Deutsch-

sowie das Resümee des Gesandten Ludo Moritz Hartmann v. 4. 3. 1919 unter Nr. 179. Aus der Literatur vgl. Herbert Steiner, Otto Bauer und die „Anschlußfrage" 1918/19, in: Richard G. Plaschka/Karlheinz Mack (Hg.), Die Auflösung des Habsburgerrreiches, Wien 1970, 468–482, 476; Low, Anschlußbewegung, 88–93; Andreas Hillgruber, Das Anschlußproblem (1918–1945) aus deutscher Sicht, in: Kann/Prinz, Deutschland und Österreich, 161–178, 162; Jörg-Detlef Kühne, Die Entstehung der Weimarer Reichsverfassung. Grundlagen und anfängliche Geltung (Schriften des Bundesarchivs 78), Düsseldorf 2018, 171–178, 919–921.

26 So schon Karl Renner in der Sitzung der Provisorischen Nationalversammlung v. 12. 11. 1918, Stenographische Protokolle der Provisorischen Nationalversammlung, Wien 1918/19, 66; Hans Kelsen, Die Verfassungsgesetze der Republik Deutschösterreich, Bd. III, Wien 1919, 116.

27 § 25 Reichswahlgesetz v. 30. 11. 1918, [deutsches] Reichsgesetzblatt, S. 1345; § 11 Abs 2 Wahlordnung für die konstituierende Nationalversammlung v. 18. 12. 1918, Staatsgesetzblatt für den Staat Deutschösterreich Nr. 115. Vgl. dazu Hans Kelsen, Die Verfassungsgesetze der Republik Deutschösterreich II, Wien/Leipzig 1919, 68.

28 Stenographische Protokolle der Konstituierenden Nationalversammlung, Wien 1919/20, 265; Kühne, Weimarer Reichsverfassung 763–766.

29 Stern, Staatsrecht, 541 ff.

Oesterreich“ zusammengefasst werden sollten.[30] Dies entfachte in Deutschösterreich eine Diskussion, ob Deutschösterreich als solches, oder die Länder jeweils einzeln dem Reich beitreten sollten. In einem Gutachten für das Staatsamt für Äußeres vom Februar 1919 sprach sich Kelsen, mit Rücksicht auf die unterschiedlichen Größen der deutschen und der deutschösterreichischen Länder, für einen Beitritt Deutschösterreichs als Gesamtes aus. Zugleich erteilte er für diesen Fall Plänen zu einer Föderalisierung Österreichs eine klare Absage: Wäre Deutschösterreich ein Teil des Deutschen Reiches und zugleich in Bundesländer gegliedert, so müsste der Staat Kompetenzen nach „oben“ und „unten“ zugleich abgeben, sodass für ihn selbst „so gut wie nichts übrig“ bleiben würde.[31]

Spätere Entwürfe rückten das deutschösterreichische Problem wieder in den Hintergrund; die Endfassung der Weimarer Reichsverfassung sah nur mehr vor, dass Deutschösterreich (als Ganzes) bis zu seinem „Anschluß“ mit beratender Stimme in der Länderkammer, dem Reichsrat, vertreten sein solle (Art. 61 Abs. 2 WRV).[32]

IV. In Saint Germain

Bei den Alliierten und Assoziierten Hauptmächten (USA, Britisches Reich, Frankreich, Italien, Japan) rief der „Anschlußwunsch“ zunächst gemischte Reaktionen hervor.[33] Der amerikanische Diplomat Archibald C. Goolidge, der im Auftrag der US-Regierung die Lage in Deutschösterreich sondierte, berichtete am 30. Jänner 1919, dass die Stimmung im Lande bezüglich des „Anschlusses“ durchaus geteilt sei. In öffentlichen Stellungnahmen würden alle für den „Anschluß“ plädieren, wie es aber bei einer geheimen Abstimmung aussehen würde, sei eine andere Sache. Zwei Wochen später jedoch, kurz vor der Wahl zur Konstituierenden Nationalversammlung, revidierte er seine Ansicht und berichtete von einem Erstarken des Anschlusswunsches, was er zum Teil dem Wahlkampf, zum Teil aber auch den tschechischen, anti-österreichischen Agitationen zuschrieb. Am 12. Februar sprachen sich drei Mitglieder der amerikanischen

30 Heinrich Triepel (Hg.), Quellensammlungen zum Staats-, Verwaltungs- und Völkerrecht I: Quellensammlung zum Deutschen Reichsstaatsrecht, 4. Aufl., Tübingen 1926, Nr. 7. Vgl. Olechowski, Verfassungsentwürfe, 79.

31 Das Gutachten wurde später in überarbeiteter Form auch gedruckt veröffentlicht: Hans Kelsen, Die Stellung der Länder in der künftigen Verfassung Deutschösterreichs, in: Zeitschrift für öffentliches Recht 1 (1919/20), 98–122, 117.

32 Weimarer Reichsverfassung v. 11. 8. 1919, [deutsches] Reichsgesetzblatt S. 1383. Es ist immerhin bemerkenswert, dass diese Bestimmung noch zustandekam, nachdem Deutschland bereits den Vertrag von Versailles unterzeichnet hatte, vgl. Low, Anschlußbewegung, 224.

33 Zustimmend äußerten sich zunächst die USA und auch Italien, vgl. Low, Anschlußbewegung, 107–161; Saage, Die deutsche Frage 78.

Friedensdelegation, A. W. Dulles, F. R. Dolbeare und E. L. Dresel, in einem Memorandum gegen den „Anschluß“ aus: Deutschland würde stärker denn je werden, Böhmen von allen Seiten eingekreist, Frankreich und Italien würden weitere Argumente bekommen, um sich stärker abzusichern.[34]

Vor allem aber stemmte sich Frankreichs Ministerpräsident George Clemenceau vehement gegen eine Union zwischen Deutschland und Österreich. Eine französische Note vom März/April 1919 stellte fest, dass die „Anschlußbewegung“ „nicht in Deutschösterreich entstanden“, sondern „eine außernationale Bewegung“ sei, „rein künstlich“ von deutschen Politikern geschürt.[35] Dies war ausschlaggebend für Art. 80 des Versailler Vertrages, in dem Deutschland die Unabhängigkeit Österreichs akzeptieren und sich jeder Aktion enthalten musste, die diese Unabhängigkeit gefährden könne. Darüber hinausgehende Erwägungen, wie sie etwa von Dänemark vorgetragen wurden, Österreich als immerwährend neutralen Staat in der Völkerbundsatzung festzuschreiben, wurden letztlich verworfen.[36]

Obwohl das „Anschlußverbot“ politisch also spätestens seit dem 7. Mai 1919 – dem Tag der Bekanntgabe der Friedensbedingungen an die deutsche Delegation in Versailles[37] – feststand, fehlte eine entsprechende Bestimmung in jenen Vertragsentwürfen, die der deutschösterreichischen Delegation am 2. Juni und am 20. Juli 1919 überreicht wurden. Erst der endgültige Vertragstext vom 2. September 1919, der innerhalb von fünf Tagen unterzeichnet werden musste, enthielt als Artikel 88 die folgende Bestimmung:[38]

> „Die Unabhängigkeit Österreichs ist unabänderlich, es sei denn, daß der Rat des Völkerbundes einer Abänderung zustimmt. Daher übernimmt Österreich die Verpflichtung, sich, außer mit Zustimmung des gedachten Rates, jeder Handlung zu enthalten, die mittelbar oder unmittelbar oder auf irgendwelchem Wege, namentlich – bis

34 Harold I. Nelson, Land and Poewer, London–Toronto 1963, 305–307.

35 Gerald Stourzh, Zur Genese des Anschlußverbots in den Verträgen von Versailles, Saint-Germain und Trianon, in: Isabella Ackerl/Rudolf Neck (Hg.), Saint-Germain 1919. Protokoll des Symposiums am 29. und 30. Mai 1979 in Wien, Wien 1989, 41–53, 49.

36 Stourzh, Genese 43 f; Gerald Stourzh, Um Einheit und Freiheit. Staatsvertrag, Neutralität und das Endee der Ost-West-Besetzung Österreichs 1945–1955, 4. Auflage, Wien–Köln–Graz 1998, 244. Vgl. zu den Bestrebungen einzelner österreichischer Politiker (Lammasch, Seipel) um ein Neutralisierung Österreichs Stephan Verosta, Für die Unabhängigkeit Österreichs, in: Isabella Ackerl/Rudolf Neck (Hg.), Österreich November 1918. Die Entstehung der Ersten Republik. Protokoll des Symposiums am 24. und 25. Oktober 1978, Wien 1986, 41–48.

37 Neue Freie Presse Nr. 19649 v. 8.5.1919, 1.Vgl. zu den deutschen Reaktionen Low, Anschlußbewegung, 192–196.

38 Vgl. die knappen, auf Art. 80 Versailler Vertrag verweisenden Bemerkungen der Alliierten und Assoziierten Mächte in: Bericht über die Tätigkeit der deutschösterreichischen Friedensdelegation in St. Germain-en-Laye, in: Beilagen zu den Stenographischen Protokollen der Stenographischen Nationalversammlung Nr. 379, Bd. II, Wien 1919, Beilage 74, 327.

zu seiner Zulassung als Mitglied des Völkerbundes – im Wege der Teilnahme an den Angelegenheiten einer anderen Macht seine Unabhängigkeit gefährden könnte."

Das Mitglied der deutschösterreichischen Friedensdelegation Rudolf Laun hob später hervor, dass die Vorgangsweise der Alliierten wohl mit Absicht erfolgt war, um der Delegation keine Gelegenheit mehr zu Einwendungen zu geben.[39] Dies mag richtig sein; wirklich überraschen konnte die Forderung aber niemanden. In der Konstituierenden Nationalversammlung, wo über den Friedensvertrag am 6. September 1919 debattiert wurde, wurde das „Anschlußverbot" heftig beklagt.[40] Nichtsdestoweniger wurde Staatskanzler Renner zur Unterzeichnung des Vertrages ermächtigt, was am 10. September 1919 auch erfolgte.

Parallel dazu forderten die Alliierten und Assoziierten Mächte am 2. September 1919, dem Tag der Überreichung der definitiven Friedensbedingungen an Österreich, das Deutsche Reich unter Androhung militärischer Zwangsmaßnahmen auf, Art. 61 Abs. 2 der Weimarer Reichsverfassung für ungültig zu erklären. Am 22. September 1919 vereinbarten Deutschland und die Allliierten und Assoziierten Hauptmächte in einem besonderen Protokoll die Ungültigkeit dieser Bestimmung,[41] was am 18. Dezember 1919 auch die Billigung durch die Weimarer Nationalversammlung erfuhr.[42] Eine förmliche Aufhebung des Art. 61 Abs. 2 oder Kundmachung des Protokolls im deutschen Reichsgesetzblatt erfolgte niemals.

Art. 88 gehört zu den berühmtesten und umstrittensten Artikeln des Vertrags von Saint Germain. Bemerkenswert ist, dass das Wort „Deutschland" oder „Deutsches Reich" im Text nicht vorkommt; die Unabhängigkeit musste nach allen Seiten hin aufrecht gehalten werden. So enthielt insbesondere auch der mit Ungarn abgeschlossene Vertrag von Trianon in Art. 73 eine dem Art. 80 des Versailler Vertrages entsprechende Bestimmung, wonach auch Ungarn die Unabhängigkeit Österreichs zu „respektieren" hatte. Beachtenswert ist auch die Erwähnung des Völkerbundrates in Art. 88 des VSG. Sie veranlasste später Hans Kelsen zu der kühnen Behauptung, dass Art. 88 überhaupt kein Verbot beinhalte,

39 Rudolf Laun, Deutschösterreich im Friedensvertrag von Versailles (Artikel 80 des Friedensvertrages) (Vorveröffentlichung aus dem Kommentar zum Friedensvertrag, hg. v. Walter Schücking, Berlin 1921, 21.

40 So etwa vom Berichterstatter Johann Nepomuk Hauser: „Eines der ureigensten Rechte eines Menschen ist, daß er, wenn er von jemandem verfolgt wird, wenn er im Unglück ist, irgendwo eine Zuflucht sucht und auch eine Zuflucht findet. Und wo anders soll er Zuflucht finden als bei seiner eigenen Familie? (Ruf: Bei der Mutter Germania!) Uns wird die Zuflucht zu unserer Mutternation, zur Mutter Germania verweigert." Stenographische Protokolle der Konstituierenden Nationalversammlung, Wien 1919/20, 768.

41 Laun, Deutschösterreich, 24.

42 Verhandlungen der verfassunggebenden Nationalversammlung, Bd. 326, Berlin 1920, 4152; das Protokoll v. 22. 9. 1919 ebenda als Drucksache Nr. 1793.

sondern geradezu umgekehrt das „völkerrechtliche Verfahren [regle], in dem [...] die Verbindung Österreichs mit dem Deutschen Reich vollzogen werden kann: die Zustimmung des Völkerbundrates“.[43] Doch war eine solche Option gänzlich unrealistisch (was wohl auch Kelsen wusste), und in der Praxis wurde niemals ein Antrag nach Art. 88 VSG beim Völkerbundrat gestellt.

Abgesehen von Kelsen wurde Art. 88 daher von der Lehre stets als „Anschlußverbot“ gedeutet.[44] Die Konstituierende Nationalversammlung erließ in Reaktion auf Art. 88 am 21. Oktober 1919 ein neues Gesetz über die Staatsform, mit dem der Art. 2 des Gesetzes vom 12. November 1918 und Art. 1 Z 2 des Gesetzes vom 12. März 1919 aufgehoben wurden.[45] Mit demselben Gesetz erfolgte auch die Änderung des Staatsnamens von „Deutschösterreich“ in „Österreich“; um nichtsdestoweniger weiter ein Bekenntnis zur deutschen Nation abzulegen, wurde die deutsche Sprache als Staatssprache festgelegt.[46]

V. Ausblick auf die weitere Entwicklung

Die Tragweite des Art. 88 kann nur im Gesamtkontext des VSG und der übrigen Vororteverträge bewertet werden. In Tirol etwa hatten die Anschlusswünsche zunächst nur relativ verhaltenes Echo hervorgerufen, zumal klar war, dass die drohende Teilung des Landes, wenn überhaupt, nur dann verhindert werden könne, wenn Tirol Teil eines kleinen österreichischen Staates bleibe oder überhaupt souverän werde; niemals aber hätten die Alliierten einem Ausgreifen des Deutschen Reiches über den Brenner hinweg zugestimmt.[47] Nun aber brachte der Vertrag sowohl die Teilung Tirols, als auch das „Anschlußverbot“. Am 24. April 1921 fand in (Nord- und Ost-)Tirol, am 29. Mai 1921 in Salzburg, je eine Volksabstimmung statt, bei denen jeweils rund 99 % der TeilnehmerInnen für einen „Anschluß“ ihres Landes an das Deutsche Reich votierten, nachdem in Vorarlberg bereits am 11. Mai 1919 eine Volksabstimmung eine Zustimmung

43 Hans Kelsen, Die staatsrechtliche Durchführung des Anschlusses Österreichs an das Deutsche Reich, in: Zeitschrift für Öffentliches Recht 6 (1927), 329–352. Vgl. dazu Robert A. Kann, Die österreichische Bundesverfassung und der Anschluß im Lichte der Anschauungen von Hans Kelsen, in: Ackerl/Neck (Hg.), Österreich November 1918, 27–41, 27.

44 Georg Froehlich, Die Wirkungen des Staatsvertrages von St. Germain auf unsere Verfassung, in: Zeitschrift für Öffentliches Recht 1 (1919/20), 403–432, 405; Margaret Ball, Die deutschösterreichische Anschlußbewegung vom völkerrechtlichen Standpunkt, Emsdetten 1934, 11.

45 Art. 3 Gesetz v. 21. 10. 1919, Staatsgesetzblatt für den Staat Deutschösterreich Nr. 484. Aufgehoben wurde auch Art. 1. Z 2 G 12. 3. 1919 Staatsgesetzblatt Nr. 174.

46 So die offizielle Begründung in der Regierungsvorlage: Beilagen zu den Stenographischen Protokollen der Konstituierenden Nationalversammlung, Wien 1919, Nr. 410.

47 Olechowski, Verfassungsentwürfe, 78. Vgl. zur Teilung Tirols nunmehr umfassend Marion Dotter/Stefan Wedrac, Der hohe Preis des Friedens. Geschichte der Teilung Tirols, 2. Aufl., Innsbruck 2018.

von über 80 % zu einem „Anschluß" an die Schweiz ergeben hatte.[48] Obwohl ein „Anschluß" einzelner österreichischer Länder an Deutschland (unter gleichzeitiger Abspaltung von Österreich) wohl kaum vom Wortlaut des Art. 88 VSG erfasst gewesen wäre, übten die Alliierten Mächte dennoch Druck auf die österreichische Bundesregierung aus, dass keine weiteren Plebiszite abgehalten wurden.[49]

In den nachfolgenden Jahren wurden die „Anschlußbestrebungen" in Österreich zunächst etwas schwächer, was mit den gewaltigen wirtschaftlichen Problemen, mit denen Deutschland zu kämpfen hatte, zusammenhing.[50] Österreich musste sich zur Bewältigung seiner eigenen Wirtschaftskrise der Hilfe des Völkerbundes anvertrauen. Mit den sog. Genfer Protokollen vom 4. Oktober 1922 gaben Großbritannien, Frankreich, Italien und die ČSR Garantieerklärungen ab, die es Österreich ermöglichten, eine Staatsanleihe aufzunehmen und eine Währungsreform durchzuführen (Einführung des Schillings mit 1. Jänner 1925). Die Republik Österreich musste sich ihrerseits u. a. dazu verpflichten, „gemäß dem Wortlaute des Artikels 88 des Vertrages von Saint-Germain, ihre Unabhängigkeit nicht aufzugeben; sie wird sich jeder Verhandlung und jeder wirtschaftlichen Bindung enthalten, welche geeignet wäre, diese Unabhängigkeit direkt oder indirekt zu beeinträchtigen."[51] Dies wurde dahin interpretiert, dass die Unabhängigkeit nicht nur in politischer, sondern auch in wirtschaftlicher Hinsicht bestehen sollte und nicht einmal durch ein Verfahren nach Art. 88 VSG, d. h. mit Zustimmung des Völkerbundrates, aufgehoben werden konnte.[52]

Praktisch bedeutsam wurde diese Klausel insbesondere, als sich der österreichische Außenminister Johann Schober und sein deutscher Amtskollege Julius Curtius am 19. März 1931 auf die Bildung einer deutsch-österreichischen Zollunion einigten: Durch paktierte Gesetzgebung sollten die Zollgrenze zwi-

48 Vorarlberger Landeszeitung Nr. 107 v. 12. 5. 1919, 1; Innsbrucker Nachrichten Nr. 93 v. 25. 4. 1921, 1; Salzburger Volksblatt Nr. 119 v. 30. 5. 1921, 1. Vgl. Erich Bielka, Die Volksabstimmung in Tirol 1921 und ihre Vorgeschichte, in: Ackerl/Neck (Hg.), Saint-Germain 1919 (Wien 1989), 303–326; Erich Bielka, Salzburger Volksabstimmung 1921 – auch manipuliert! in: ebenda, 327–349; Lajos Kerekes, Von St. Germain bis Genf. Österreich und seine Nachbarn 1918–1922, Wien/Köln/Graz 1979, 110f, 286–294; Christian Koller, „…der Wiener Judenstaat, von dem wir uns unter allen Umständen trennen wollen." Die Vorarlberger Anschlussbewegung an die Schweiz, in: Konrad/Maderthaner (Hg.), …der Rest ist Österreich I, 83–102; Hermann J. W. Kuprian, Tirol und die Anschlußfrage 1918–1921, in: Thomas Albrich/Klaus Eisterer/Rolf Steininger (Hg.), Tirol und der Anschluß (Innsbrucker Forschungen zur Zeitgeschichte 3), Innsbruck 1998, 43–74.

49 Siehe die Hausnotiz des Legationsrats Lothar Egger v. 30. 5. 1921, in: Außenpolitische Dokumente der Republik Österreich 3, Wien 1996, Nr. 539.

50 Saage, Die deutsche Frage, 80.

51 Bundesgesetzblatt 1922 Nr. 842. Vgl. Ball, Anschlußfrage 25ff.

52 Ball, Anschlußfrage 30; Saage, Die deutsche Frage 80.

schen Österreich und dem Deutschen Reich beseitigt und gemeinsame Außenzölle festgelegt werden.[53] Obwohl diese Zollunion von Anfang an auch weiteren Staaten offenstehen und so die Grundlage für eine Europäische Wirtschaftsgemeinschaft darstellen hätte können, wurde das (von der Presse vorzeitig bekannt gemachte) deutsch-österreichische Vorgehen namentlich von Frankreich und von der ČSR als Bruch der Pariser Friedensordnung angesehen und heftig bekämpft. Am 19. Mai 1931 beauftragte der Völkerbundrat den Ständigen Internationalen Gerichtshof mit der Erstellung eines Gutachtens, ob der Zollunionsplan sowohl mit dem VSG als auch mit dem Genfer Protokoll No. I vereinbar sei.[54] Dieser entschied am 5. September 1931 – mit einer knappen Mehrheit von acht zu sieben Stimmen – dass der Zollunionsplan zwar mit Art. 88 VSG, nicht aber mit dem Genfer Protokoll No. I vereinbar sei. Nur sechs Richter hatten im Zollunionsplan auch einen Verstoß gegen Art. 88 VSG gesehen.[55] Parallel dazu hatte jedoch v. a. Frankreich massiven Druck auf Österreich ausgeübt, sodass Schober bereits am 3. September 1931, also noch vor der Entscheidung des StIGH, das Projekt für beendet erklärte.[56]

Zu diesem Zeitpunkt war der „Anschlußwunsch“ auch in der Rechtswissenschaft wiederaufgelebt, insbesondere durch das Projekt eines gemeinsamen Strafgesetzbuches, das am 14. Mai 1927 dem deutschen Reichstag, am 22. Juli 1927 dem österreichischen Nationalrat vorgelegt wurde.[57] Beide Staaten besaßen zu jener Zeit völlig veraltete Strafgesetzbücher, die gemeinsamen Arbeiten an einem neuen Strafgesetzentwurf sollten nicht nur Synergien bringen; vielmehr erhoffte man sich von der – zunächst auf dem Gebiet des Strafrechts herzustellenden – Rechtseinheit eine verbesserte Ausgangslage für eine später zu schaffende politische Einheit. Zu einer gemeinsamen Beschlussfassung über diesen Entwurf kam es dann aber ebenso wenig wie zu einer – gleichfalls angedachten – Übernahme des deutschen Bürgerlichen Gesetzbuches in Österreich oder der österreichischen Zivilprozessordnung in Deutschland. Doch wurde auf dem Treffen der deutschen Staatsrechtslehrer in Wien im April 1928, am 35. Deut-

---

53 Journal Officiel de la Socété des nations 1931, 1160–1163; vgl. Walter Rauscher, Briandplan und Zollunionsprojekt. Die österreichische Außenpolitik 1930/31, in: Klaus Koch u. a. (Hg.), Außenpolitische Dokumente der Republik Österreich 7, Wien–München 2006, 13–36, das Übereinkommen abgedruckt unter Nr. 1077. Aus der zeitgenössischen Literatur vgl. insbesondere Hans Kelsen, Zollunion und Völkerrecht, in: Der deutsche Volkswirt 5 (1931), 995–998.

54 Journal Officiel de la Socété des nations 1931, 1075–1081; Permanent Court of International Justice, Series A/B No. 41, https://www.icj-cij.org/files/permanent-court-of-international-justice/serie_AB/AB_41/01_Regime_douanier_Avis_consultatif.pdf (abgerufen 19. 6. 2019).

55 Permanent Court of International Justice, Series A/B No. 41, 52f.

56 Journal Officiel de la Socété des nations 1931, 2185f; Rauscher, Briandplan und Zollunionsprojekt, 35.

57 Herbert Loebenstein, Strafrecht und Strafprozeßrecht, in: Herbert Schambeck (Hg.), Parlamentarismus und öffentliches Recht in Österreich, Berlin 1993, 973–1044 984f.

schen Juristentag in Salzburg im September 1928 sowie bei der Tagung der deutschen Zivilprozessualisten im Oktober 1928 in Wien immer wieder die Verbundenheit der beiden Staaten, gerade auch, was die gemeinsame Rechtskultur betraf, betont.[58]

Vor diesem Hintergrund entwickelte Hans Kelsen, der „Architekt" der österreichischen Bundesverfassung von 1920, konkrete Überlegungen für den rechtstechnisch besten Weg für eine Angliederung an das Deutsche Reich. Dabei erklärte er, so wie schon in seinem Gutachten vom Februar 1919, dass nicht die einzelnen Bundesländer, sondern Österreich als Gesamtes dem Reich beitreten sollte. Auch hielt er einen völkerrechtlichen Vertrag zwischen Deutschland und Österreich für unzweckmäßig; einfacher und zielführender wären zwei gleichlautende Gesetze.[59] Dieser Weg wurde etwas mehr als zehn Jahre später auch tatsächlich beschritten, wenn auch unter gänzlich veränderten politischen Vorzeichen.

Denn es war nicht ein demokratisch gewählter deutscher Reichstag und ein ebenso demokratisch gewählter österreichischer Nationalrat, die, wie von Kelsen vorgeschlagen, die beiden „Anschlußgesetze"[60] beschlossen. Vielmehr handelte die nationalsozialistische deutsche Reichsregierung autokratisch auf Grundlage des deutschen Ermächtigungsgesetzes von 1933 und die nationalsozialistische österreichische Bundesregierung ebenso autokratisch auf Grundlage des österreichischen Ermächtigungsgesetzes von 1934.[61] Der damit vollzogene „Anschluß" wurde von Deutschland dem Völkerbund kundgemacht und von diesem – trotz eindeutigen Bruchs sowohl von Art. 80 des Versailler Vertrages als auch Art. 88 des VSG – nicht beeinsprucht, womit die Mitgliedschaft Österreichs im Völkerbund endete.[62] Lediglich Mexiko legte einen – rechtlich wirkungslosen –

58 Thomas Olechowski/Tamara Ehs/Kamila Staudigl-Ciechowicz, Die Wiener Rechts- und Staatswissenschaftliche Fakultät 1918–1938, Göttingen 2014, 759.

59 Kelsen, Die staatsrechtliche Durchführung, 351.

60 Gesetz v. 13.3.1938 über die Wiedervereinigung Österreichs mit dem Deutschen Reich, Bundesgesetzblatt für den Bundesstaat Österreich Nr. 75, [deutsches] Reichsgesetzblatt I S. 237.

61 Gesetz v. 24.3.1933 zur Behebung der Not von Volk und Reich, [deutsches] Reichsgesetzblatt I, S. 141; Bundesverfassungsgesetz v. 30.4.1934 über außerordentliche Maßnahmen im Bereich der Verfassung, Bundesgesetzblatt für den Bundesstaat Österreich Nr. 255. Vgl. dazu die Analyse durch Ewald Wiederin, März 1938 – staatsrechtlich betrachtet, in: Ulrike Davy/Helmut Fuchs/Herbert Hofmeister/Judit Marte/Ilse Reiter (Hg.), Nationalsozialismus und Recht, Wien 1990, 226–265, besonders 237–259.

62 Note des deutschen Staatssekretärs Hans v. Mackensen an das Generalsekretariat des Völkerbundes v. 18 3. 1938, Journal Officiel 1938, 237, und Eingangsbestätigung des Generalsekretärs Joseph Avenol v. 21. 3. 1938, Journal Officiel 1938, 238. Nach Wiedererrichtung der Republik 1945 sah sich diese weiter als Mitglied des (erst 1946 aufgelösten) Völkerbundes an, was von diesem aber nicht anerkannt wurde, Österreich erhielt lediglich Beobachterstatus, vgl. Waldemar Hummer, Der internationale Status und die völkerrechtliche Stellung

Protest ein.[63] Erst in der sog. Moskauer Deklaration vom 30. Oktober 1943 wurde der „Anschluß“ für „null und nichtig“ erklärt, eine Formulierung, die in der österreichischen Unabhängigkeitserklärung vom 27. April 1945[64] übernommen wurde.

Der Staatsvertrag von 1955 verbot sowohl eine politische wie auch eine wirtschaftliche Vereinigung zwischen Österreich und Deutschland.[65] Dieses Verbot ist bis heute aufrecht, steht aber offensichtlich nicht einer politischen und wirtschaftlichen Zusammenarbeit beider Staaten im Rahmen größerer Organisationen, wie insbesondere der EU, entgegen.[66] Und dies ist auch richtig so: Denn Sinn und Zweck des „Anschlussverbotes“ im Staatsvertrag von 1955 ist – im Gegensatz zu jenem von 1919 – nicht eine wirtschaftliche Schwächung Österreichs, sondern ein Hindernis, dass sich die Ereignisse von 1938 wiederholen können. Und dies ist im Rahmen der Europäischen Union nicht zu befürchten.

Österreichs seit 1918, in: August Reinisch (Hg.), Österreichisches Handbuch des Völkerrechts I, 5. Aufl., Wien 2013, 684–737, 692.

63 Note des Außenministers von Mexiko, Isidro Fabela, v. 19. 3. 1938, Journal Officiel 1938, 239.

64 Staatsgesetzblatt 1945 Nr. 1.

65 Art. 4 Staatsvertrag v. 15. 5. 1955 Bundesgesetzblatt Nr. 152. Vgl. Hummer, Der internationale Status, 699.

66 Die Frage nach der heutigen Aktualität von Art. 4 des Staatsvertrages von Wien von 1955 wird in der juristischen Literatur kaum jemals aufgeworfen, die Debatte dreht sich vielmehr um die Vereinbarkeit von Neutralität und EU-Mitgliedschaft (vgl. dazu Hummer, Der internationale Status 730, 736f, mit weiteren Nachweisen), bei deren Bejahung man mittels Größenschluss auch von einer Vereinbarkeit des Art. 4 des Staatsvertrages von 1955 mit der EU-Mitgliedschaft ausgehen muss.

Stefan Wedrac

Die Anfänge der österreichischen Drogenverbotspolitik. Artikel 247 des Vertrages von St. Germain und das Opiumabkommen von 1912

I. Einleitung

Menschen benutzen seit prähistorischen Zeiten psychoaktive Substanzen aus medizinischen, sozialen und religiösen Gründen. Eine Änderung des Bewusstseinszustandes konnte insbesondere angestrebt werden, um spirituelle Erfahrungen zu haben, Schmerz zu lindern und um mehr Ausdauer für die harte, tägliche Arbeit zu bekommen. Vermutlich waren Drogen aller Art zentral bei der Entstehung von Zivilisationen, dem weltweiten Handel und der Herausbildung von kulturellen Identitäten. Dies mutet vielleicht zunächst seltsam an, wird aber klarer, wenn man nicht nur an stark wirkende, „harte Drogen" denkt, sondern auch an eine Reihe von weit verbreiteten Alltagsdrogen, die für eine Weltregion mitunter typisch sind: Tee aus Asien, Alkohol aus Europa, Kaffee aus dem Nahen Osten und Afrika, Tabak aus Amerika und Kakao aus Südamerika.[1]

Seit der Antike war darüber hinaus der Saft der unreifen Samenkapsel des Schlafmohns (Papaver somniferum) bekannt: Man ritzte die Kapsel an und sammelte den milchigen Saft, der sich an der Luft verfärbt, erhärtet und als Ball gerollt rohes Opium genannt wird. Die Sumerer nannten den Mohn „Pflanze der Freude", griechische Ärzte beschrieben ihn in ihren Werken und die Volksmedizin benutzte ihn gegen Verdauungsbeschwerden, Schlaflosigkeit und Melancholie. Dass damit auch ungewünschte Nebenwirkungen verbunden waren, dürfte zu keiner Zeit ein Geheimnis gewesen sein. Explizit kommentierte dies der englische Botaniker John Gerard im 17. Jahrhundert, als er meinte, Opiumtinktur würde „oft ein Übel schlimmer als die Krankheit selbst hinterlassen."[2]

1 William B. McAllister, Drug Diplomacy in the Twentieth Century. An international history, London/New York 2000, 9–10.

2 Kathryn Meyer/Terry Parssinen, Webs of Smoke. Smugglers, Warlords, Spies and the History of the International Drug Trade, Lanham/Boulder/New York/Oxford 2002, v–xvi.

II. Das Opiumproblem Chinas

Ein weitreichendes, auch volkswirtschaftliches Problem mit der suchterzeugenden Wirkung von Opium, gab es in China vom 18. bis ins 20. Jahrhundert. Dies hatte seine Wurzeln im internationalen Handel. China hatte seit der Mitte des 17. Jahrhunderts einen wirtschaftlichen Aufschwung erlebt, welcher den Kaisern die Überzeugung verlieh, dass internationaler Handel nicht notwendig war. Den verschiedenen europäischen Händlern sperrte man 1757 die Häfen und erlaubte ihnen lediglich eine isolierte Niederlassung im südlich gelegenen Guangzhou, von wo aus sie nur umständlich über Mittelsmänner handeln konnten. Da der Handel mit China recht einseitig war und europäische Händler für Seide, Porzellan und Tee meist in wertvollem Metall zahlten, suchten sie nach einem Gut, dass man an die Chinesen verkaufen könnte – und kamen auf Opium. Als potentielles Luxusgut, das beim Rauchen elaboriertes Zubehör erforderte und mit Tabak gemischt wurde, fand es bei reichen und dann auch armen Chinesen Anklang.[3]

Besonders für die Händler aus Großbritannien war es sehr praktisch, ein Handelsgut für die Chinesen in der Hand zu haben. Sie bezogen nämlich in großen Mengen Tee für ihren nationalen Markt aus dem Land und konnten im Gegenzug Opium verkaufen. Die britische East India Company ließ Opium auf indischen Feldern von lizensierten Bauern herstellen, kaufte ihnen die Ernte ab und verkaufte sie an Händler weiter beziehungsweise versteigerte sie. Aber auch andere europäische Kolonialmächte beteiligten sich am Geschäft mit Opium.[4]

In China selbst schränkte die kaiserliche Regierung den Opiumhandel zunehmend ein und verbot den Import Ende des 18. Jahrhunderts schließlich gänzlich. Das führte zu einer regen Schmuggeltätigkeit, bremste den Handel mit der Droge allerdings nicht. Spätestens am Anfang des 19. Jahrhunderts war die Opiumsucht zu einer Volkskrankheit geworden: 1830 dürften die illegalen Importe vier Millionen Pfund jährlich ausgemacht haben, was dem Land ein großes Außenhandelsdefizit bescherte. 1832 hatte die chinesische Armee durch die Sucht vieler Soldaten bereits Schwierigkeiten, einen Aufstand im Süden des Landes niederzuschlagen. Daher gingen chinesische Beamte schärfer gegen den Opiumhandel vor und konfiszierten auch Opium bei europäischen Händlern. Der kaiserliche Sonderbeauftragte ließ 1839 angeblich 1.000 Tonnen Opium verbrennen.[5] Britische Händler beschwerten sich bei ihrer Regierung darüber

3 Ebd., 6–8.

4 McAllister, Drug Diplomacy, 10–12.

5 Birgit Bolognese-Leuchtenmüller, Geschichte des Drogengebrauchs. Konsum – Kultur – Konflikte – Krisen, in: Beiträge zur historischen Sozialkunde 22 (1992) 1, 4–18, 11.

und forderten Hilfe.[6] Dies (freilich zusammen mit anderen Faktoren) löste den Ersten Opiumkrieg 1839 bis 1842 aus, an dessen Ende die siegreichen Briten einige Häfen als Handelsstützpunkte zugestanden bekamen, die Insel Hong Kong „ewig" in das Eigentum der britischen Krone überging und britische Bürger in China das Recht erhielten, der englischen Jurisdiktion zu unterstehen, also als exterritorial zu gelten.[7] Opium bleib zunächst illegal, erst im Zuge des aufgrund einer Kleinigkeit vom Zaun gebrochenen Zweiten Opiumkrieges von 1856 bis 1860 stimmte China 1858 nach einigen Niederlagen zu, den Import zu legalisieren.[8]

Zwischen 1858 und den ersten Jahren des 20. Jahrhunderts blühte der Opiumhandel mit China. Neben Großbritannien gab es europäische Mitbewerber. Persien begann mit der Opiumproduktion und Malaysien schaltete sich ebenfalls ein. Nicht nur die großen Handelshäuser machten große Profite, auch die Pharmaindustrie, welche bereits die psychoaktiven und suchterzeugenden Bestandteile des Opiums isoliert und zu eigenen Produkten entwickelt hatte, profitierte kräftig. Das so gewonnene Morphin und Heroin war vor allem ein Produkt der exzellenten deutschen chemischen Industrie, und bekannte Namen wie Bayer spielten dabei eine große Rolle. Um 1900 war die chinesische Gesellschaft so von der Sucht nach Opium und seinen Derivaten erfasst, dass man Millionen von Abhängigen zählte und es kaum eine soziale Schicht gab, die nicht betroffen war.[9]

Einen Lichtblick gab es jedoch: Man ordnete 1906 in China an, den Opiumanbau kontinuierlich einzuschränken. In Großbritannien war man daraufhin wegen des Drucks der Öffentlichkeit und der Sorge um den Zusammenhalt Chinas bereit, in Verhandlungen zu treten: Schließlich einigten sich die beiden Staaten, den indischen Opiumexport um zehn Prozent pro Jahr zu reduzieren, wenn China seine Eigenproduktion um denselben Prozentsatz einschränkte. Zur Überraschung der meisten Beobachter gelang dies der chinesischen Regierung zunächst gut. Die Revolution von 1911 und die Wirren um die junge Republik beendeten diese Entwicklung jedoch.[10]

6 Horst J. Helle, China: Promise of Threat? A Comparison of Cultures (Studies in Critical Social Sciences 96), Boston 2017, 14.

7 Zusätzlich zur Niederlage schleppten die britischen Soldaten auch noch die Cholera in China ein, was zu einer großen Epidemie führte. Jürgen Osterhammel, The Transformation of the World. A Global History of the Nineteenth Century, Princeton/Oxford 2014, 191.

8 Meyer/Parssinen, Webs of Smoke, 8–10; McAllister, Drug Diplomacy, 11–12; Opium Wars, in: The New Encyclopedia Britannica. Micropaedia, vol. 8, 15th ed., hg. von Encyclopaedia Britannica, Chicago/Auckland/Geneva/London/Manila/Paris/Rome/Seoul/Sydney/Tokyo/Toronto 1986, 967–968.

9 McAllister, Drug Diplomacy, 13.

10 Ebd., 24–26.

III. Die USA und die Opiumfrage

Neben Großbritannien und den anderen europäischen Mächten wie Portugal, den Niederlanden und Frankreich gab es Ende des 19. Jahrhunderts eine weitere Großmacht, die zunehmend in Südostasien mitmischen wollte, und zwar die Vereinigten Staaten von Amerika. Gelegentlich gab es US-amerikanische Händler, welche mit Opium handelten, diese blieben aber isolierte Ausnahmen. Eigentlich war nach dem ersten bilateralen Vertrag zwischen China und den USA aus dem Jahre 1844 Opiumhandel generell verboten, nach dem Zweiten Opiumkrieg wurde er aber genauso wie für die Briten legalisiert.[11] Trotzdem fassten die Händler aus den Vereinigten Staaten nie wirklich Fuß im Opiumhandel und sahen ihn als Hindernis für den eigenen Erfolg: In den 1880er-Jahren wurde ihnen sogar von der eigenen Regierung verboten, Opium nach China zu bringen. Es entwickelte sich daher schon der rein wirtschaftlich motivierte Wunsch, Opium als begehrtes Gut auszuschalten, damit US-amerikanische Händler mehr vom Handel profitieren konnten. Dahinter steckte eine Haltung der moralischen Überlegenheit: Christliche Missionare aus den Vereinigten Staaten, die in China operierten, sahen Opiumsucht als Hindernis für die Bekehrung zum Christentum und damit als hinderlich für die Erlösung an. Geschäftsinteresse paarte sich mit moralischen Bedenken gegen Opium: „Millionen Seelen würden gerettet und Milliarden von Produkten verkauft werden",[12] so die Hoffnung.

Außerdem hatten die USA Anfang des 20. Jahrhundert selbst mit einem Teil des Opiumproblems zu tun: Nach dem Spanisch-amerikanischen Krieg von 1898 hatten die USA neben anderen spanischen Kolonien auch die Philippinen in ihren Besitz genommen. Damit kamen auch zahlreiche Auslandschinesen unter US-amerikanische Herrschaft, unter denen sich einige tausend Opiumraucher befanden. Spanien hatte Opium durch ein Staatsmonopol vertrieben, Washington jedoch entschloss sich sehr bald, dies zu beenden. Damit war freilich das Problem nicht gelöst, Import und Sucht gab es weiter. Daher gründete der US-Präsident Theodore Roosevelt 1903 eine Kommission unter dem episkopalen Bischof Charles Henry Brent, welche das Opiumproblem in den Philippinen erfassen, bekämpfen und eine repressive Politik implementieren sollte. Im Laufe der nächsten Jahre wurden Opiumsüchtige registriert, der Import von Opium

11 Memorandum for the Secretary of State on the diplomatic bases for the intervention of the United States for the suppression of the far eastern opium traffic, with the consequences of that intervention and the obligations upon this government to enact the necessary anti-opium legislation to accord with pledges entered into by virtue of the resolutions of the International Opium Commission and by articles of the International Opium Convention. Library of Congress, Presidential Papers Microfilm, Woodrow Wilson Papers, Series 4: Case Files 77, 83, Reel 200.

12 Meyer/Parssinen, Webs of Smoke, 21.

verboten, Bestände davon beschlagnahmt. Die Süchtigen bekamen offizielle Zuteilungen der Droge, welche mit der Zeit geringer wurden, die Verbrauchssteuer auf Opium hingegen wurde regelmäßig verdoppelt. Süchtigen bot man außerdem Hilfe wie gratis Krankenhausaufenthalte und ähnliches an.[13]

Es war jedoch schwer, eine solche Politik zu machen, wenn es noch immer illegalen Schmuggel mit der Droge gab. Daher bemühten sich die Proponenten der repressiven Drogenpolitik der USA, vor allem Bischof Brent, auch andere Staaten mit ins Boot zu holen. 1906 fragte das US-Außenministerium bei zahlreichen Regierungen an, ob sie bereit wären, eine Konferenz über die Regulierung von Opium zu beschicken, und zwar unter möglichster Teilnahme aller wichtigen Kolonial- und Produktionsländer, wobei den Delegationen nur beratende Funktionzukam. Der Einladung der USA folgten Österreich-Ungarn, China, Frankreich, das Deutsche Reich, Großbritannien, Italien, Japan, die Niederlande, Persien, Portugal, Russland und Siam,[14] die alle an der „Internationalen Opiumkommission" in Shanghai 1909 teilnahmen.

IV. Österreich-Ungarn und die Internationale Opiumkommission

Die Diplomaten Österreich-Ungarns in China beobachteten seit 1907 die Initiative der USA, welche eine Konferenz zur Frage der Beschränkung des Opiumhandels abhalten wollten. Am Puls des Geschehens befand sich für die Doppelmonarchie Karl Bernauer, der zunächst der Konsul in Tientsin (Tianjin), danach Leiter des Generalkonsulates in Shanghai war.[15] Er meldete regelmäßig

13 Opium in the Philippines. Memorandum for Mr. Tumulty, 14. 10. 1920. Library of Congress, Presidential Papers Microfilm, Woodrow Wilson Papers, Series 4: Case Files 77, 83, Reel 200, 1–2.

14 McAllister, Drug Diplomacy, 28; Report of the International Opium Commission. Shanghai, China. February 1 to February 26, 1909, vol. I. – Reports of the proceedings, Shanghai 1909, 3–6. Bei: Einsichtsakt des Ministerratspräsidiums betreffend die am 1. Februar 1909 in Shanghai zusammengetretene Opiumkonferenz, Zl. 14249/1909. Österreichisches Staatsarchiv (ÖStA), Allgemeines Verwaltungsarchiv (AVA), K.k. Justiz-Ministerium, I-N-I China 1.

15 Bernauer (Jahrgang 1867) hatte zu diesem Zeitpunkt bereits eine längere Karriere als (Konsulats-)Beamter hinter sich: Nach dem Studium der Rechtswissenschaften und dem Wehrdienst als Einjährig-Freiwilliger durchlief er einige Stationen als Praktikant und Askultant bei Gerichten, wechselte in die Finanzverwaltung und legte schließlich die Konsularelevenprüfung im Jahr 1893 ab. Nach weiteren Verwendungen im Bereich der Finanzverwaltung in Czernowitz und Niederösterreich ging Bernauer 1894 nach Triest. Bald darauf versetzte man ihn in kurzer Folge nach Bombay, Yokohama, Moskau und Kalkutta, wo er im konsularischen Dienst arbeitete. Ein längerer Aufenthalt an einem Ort stellte sich erst ein, als er 1901 zur Leitung des Konsulats in Tientsin berufen wurde. 1908 betraute man ihn

die Entwicklungen in Sachen Opium nach Wien. Wenn auch das Interesse der Doppelmonarchie an der Opiumfrage nicht überbordend groß war, so gab es dennoch Berührungspunkte: Der österreichische Lloyd unterhielt Schiffsverbindungen in den fernen Osten. Daher war es zumindest möglich, dass der Lloyd, wenn auch nur indirekt, am Opiumtransport ein gewisses Interesse hatte. Außerdem lebten im österreichisch-ungarischen „Settlement" in Tientsin rund 35.000 Chinesen. Die chinesische Bevölkerung konsumierte bedeutende Mengen an Opium und die Abgaben der Händler waren ein Faktor für die Einnahmen der Niederlassung.[16] Das Settlement war nach dem Boxeraufstand 1902 durch einen Pachtvertrag an die Doppelmonarchie abgetreten worden. Das Gebiet lag im Osten der Stadt auf etwa 0,64 Quadratkilometer und stand zwar unter chinesischer Souveränität, alle Hoheitsrechte bis auf die Gerichtsbarkeit wurden jedoch vom Pächter ausgeübt. Es war der Mittelpunkt der handelspolitischen Interessen Österreich-Ungarns in China. Wirtschaftlich war es von Kleinbetrieben dominiert, die Bevölkerung war größtenteils arm.[17]

Bernauer nahm an den Sitzungen der Opiumkommission teil und berichtete in der sechsten Sitzung am 12. Februar 1909 von der Situation und dem Standpunkt Österreich-Ungarns.[18] Das Problem sei in der Monarchie nicht akut, so Bernauer: Opium werde weder produziert noch exportiert. Was den Import betrifft, sähe es ähnlich aus. Zwar würden aus offiziellen Statistiken keine genauen Zahlen hervorgehen, aber der Import von Opium nach Österreich-Ungarn könne jährlich mit 1.400 bis 2.000 Kilogramm geschätzt werden. Fast das gesamte Opium komme über Konstantinopel (Istanbul) und Triest nach Österreich-Ungarn. Damit wäre der Durchschnittsverbrauch der Bevölkerung lediglich 0,05 Gramm pro Jahr und Person. Opiumderivate würden meist in der Form des Schmerzmittels Codein aus Deutschland importiert, und zwar in einer Menge von 700 bis 1.000 Kilogramm jährlich. Der Konsum von Opium erfolge faktisch ausschließlich aus medizinischen Gründen.[19]

---

schließlich mit der Leitung des Generalkonsulates in Shanghai. Siehe Jahrbuch des K.u.K. Auswärtigen Dienstes 1909. Nach dem Stande vom 10. April 1909, Wien 1909, 202–203.

16 Bericht des K.u.k. österreichisch-ungarischen Konsulats, Zl. 1354, Karl Bernauer an die K.u.k. Gesandtschaft in Peking, 29. 5. 1908. ÖStA, Haus-, Hof- und Staatsarchiv (HHStA), Gesandtschaft Peking, 93.

17 Günter Hörtler, Die österreichisch-ungarische Konzession in Tianjin, Bd. 1, phil. Diss., Universität Wien 1984, 128–129.

18 International Opium Commission, Minutes of the sixt session: 12th February, 1909, in: Bericht des K.u.k. österreichisch-ungarischen General-Konsulats, Zl. 596/09, Karl Bernauer an die K.u.k. Gesandtschaft in Peking, 5. 3. 1909. ÖStA, HHStA, Gesandtschaft Peking, 93.

19 Report of the International Opium Commission. Shanghai, China. February 1 to February 26, 1909, vol. II. – Reports of the delegations, Shanghai 1909, 43. Bei: Einsichtsakt des Ministerratspräsidiums betreffend die am 1. Februar 1909 in Shanghai zusammengetretene Opiumkonferenz, Zl. 14249/1909. ÖStA, AVA, K.k. Justiz-Ministerium, I-N-I China 1.

Das Ergebnis der Opiumkommission war ernüchternd. Man rang sich nur zu „nicht verpflichtende[n] Bemühungserklärungen“[20] durch, denn die Delegierten der USA wollten etwa den Konsum von Drogen unter Strafe stellen und den Opiumhandel generell verbieten. Während China auf ihrer Seite war, blieben die meisten großen Mächte reserviert bis ablehnend. Schließlich legte man sich lediglich darauf fest, Chinas Rolle im Kampf gegen Opium zu würdigen, den Regierungen der Welt zu empfehlen, Konsum, Herstellung und Transport von Drogen zu regulieren und die Settlements in China diesbezüglich stärker zu überwachen.[21]

V. Die Planungen für die Opiumkonferenz 1912 und Österreich-Ungarn

Frustriert von den zahnlosen Resolutionen und irritiert vom Widerstand der anderen Großmächte begann Brent zusammen mit dem US-Außenministerium, eine zweite internationale Konferenz zu organisieren. Auf Unterstützung der Briten konnte er hoffen, da er auf deren Wunsch einging, auch industriell hergestellte Drogen wie Morphin und Kokain ins Visier nehmen zu wollen. Dies traf vornehmlich die deutsche Wirtschaft.[22] Letztendlich gewannen die Amerikaner wieder fast alle Großmächte für eine Konferenz, die eine lange Liste von Themen besprechen sollte, wie etwa Kontrolle der Produktion und des Handels von Opium, Kontrolle von verdächtigen Schiffen auf hoher See und internationale Zusammenarbeit im Kampf gegen Drogen.[23]

In den Jahren nach der Opium Kommission in Shanghai 1909 änderte sich nichts am prinzipiellen Desinteresse Österreich-Ungarns an der Opiumfrage. Als die US-amerikanische Botschaft in Wien 1910 das Ministerium des Äußeren bat, einen Vertreter zu der geplanten Opiumkonferenz in Den Haag zu schicken, stieß man auf taube Ohren. Auf Anfrage des Ministerratspräsidiums lehnten es alle zuständigen Ministerien ab, einen Vertreter zu schicken, „da in Österreich weder das Opiumrauchen noch irgendeine andere Verwendung des Opiums zu Genußzwecken gebräuchlich ist und das Opium und seine Derivate lediglich zu Heilzwecken als Heilmittel in geringer Menge und unter behördlicher Kontrolle

20 Regina Thumser-Wöhs, „...zauberlacht Unlust in blaue Heiterkeit“. Sucht und Kunst im 19. und 20. frühen Jahrhundert, Innsbruck/Wien/Bozen 2017, 177.

21 Report of the International Opium Commission. Shanghai, China. February 1 to February 26, 1909, vol. I. – Reports of the proceedings, Shanghai 1909, 84. Bei: Einsichtsakt des Ministerratspräsidiums betreffend die am 1. Februar 1909 in Shanghai zusammengetretene Opiumkonferenz, Zl. 14249/1909. ÖStA, AVA, K.k. Justiz-Ministerium, I-N-I China 1.

22 Meyer/Parssinen, Webs of Smoke, 22.

23 McAllister, Drug Diplomacy, 31.

eingeführt und verabfolgt werden".[24] Außerdem erachtete man die inländischen gesetzlichen Bestimmungen als ausreichend, um die Droge zu kontrollieren.

VI. Regelungen bezüglich Drogen in der späten Habsburgermonarchie

Regelungen bezüglich Drogen setzten vor 1918 in der cisleithanischen Reichshälfte der Habsburgermonarchie vor allem beim Verkehr und Verkauf bestimmter Stoffe an. Grundlegend war diesbezüglich die „Giftverordnung"[25] aus dem Jahr 1876: Sie definierte in § 1 neben bekannten Giftstoffen wie Arsen, Quecksilber und Blausäure auch „die aus giftigen Pflanzen und Thieren entnommenen, oder einzig auf dem Wege der Kunst dargestellten heftig wirkenden Präparate, wie die Alkaloide, das Curare, das Cantharidin u. s. w." Damit fielen die diversen Stoffe, welche aus dem Schlafmohn gewonnen wurden, darunter. Die Gifte im Sinne der Verordnung durften nur an berechtigte Gewerbsleute, wissenschaftliche Institute und öffentliche Lehranstalten abgegeben werden. Die nötige Bewilligung stellte die politische Bezirksbehörde aus. Berechtigte hatten strenge Aufzeichnungs- und Verwahrungsvorschriften zu beachten.[26] Bei der Reform der Gewerbeordnung 1907 nahm man solche Gewerbetreibende zudem in die Liste der konzessionierten Gewerbe auf, weswegen der Verkauf danach an eine entsprechende gewerberechtliche Bewilligung gebunden war.[27] Zuwiderhandeln gegen diese Bestimmungen war gemäß Strafgesetz von 1852 gerichtlich strafbar: Unbefugter Handel, Nachlässigkeit bei der Aufbewahrung oder unzureichende Aufzeichnungen etwa waren Übertretungen, welche mit Geld- und Freiheitsstrafen zu bestrafen waren.[28]

Apotheken waren als entsprechende Verkaufsstellen vorgesehen. Sie allein waren ermächtigt, ärztlich verschriebene Arzneien, pharmazeutische Präparate, Drogen und andere chemische Erzeugnisse, welche zu Heilzwecken dienten, zu verkaufen. Sie hatten also bereits damals ein Monopol auf den „Kleinverkehr",

24 Einsichtsakt des Handelsministeriums, betreffend die Einberufung einer neuen internationalen Opium-Konferenz, Zl. 12401/1909 ÖStA, AVA, K.k. Justiz-Ministerium, Opium 1/1.

25 Verordnung der Ministerien des Innern und des Handels vom 21. April 1876 betreffend den Verkehr mit Giften, gifthältigen Droguen und gesundheitsgefährlichen chemischen Präparaten, RGBl. 60/1876.

26 §§ 3–10, 12, 15–16 RGBl. 60/1876. Die Verordnung wurde 1886 geringfügig ergänzt, siehe RGBl. 10/1886.

27 § 15 des Gesetzes vom 5. Februar 1907, betreffend die Abänderung und Ergänzung der Gewerbeordnung, RGBl. 26/1907.

28 §§ 361–367 des Strafgesetzes über Verbrechen, Vergehen und Übertretungen, kundgemacht mit dem Kaiserlichen Patent vom 27. Mai 1852, RGBl. 117/1852.

also den Verkauf an den Konsumenten.[29] Ein Arzneimittelkodex, die „österreichische Pharmakopöe" regelte die Verfügbarkeit und die Standards der Herstellung diverser in ihm aufgezählter Arzneimittel. Neue Präparate durften nur aufgrund von ärztlicher Verschreibung nach den gleichen Qualitätskriterien hergestellt und verabreicht werden.[30]

Zollrechtlich fanden Drogen am Rande Berücksichtigung: Mit dem Zolltarifgesetz von 1906[31] regelte man das gemeinsame Zoll- und Handelsgebiet der österreichisch-ungarischen Monarchie. In der Durchführungsvorschrift zu diesem Gesetz durften bestimmte Waren „aus Sanitäts-, Sicherheits- und anderen öffentlichen Rücksichten" nicht oder nur eingeschränkt eingeführt werden. Für Drogen waren freilich Sanitätsrücksichten maßgeblich: Analog zur Giftverordnung war auch der Bezug von Giften und Arzneizubereitungen aus dem Ausland nur genau jenen Unternehmen erlaubt, welche auch im Inland gemäß den oben genannten geltenden Vorschriften damit handeln durften. In der Anlage C zur Durchführungsverordnung listete der Gesetzgeber explizit die betreffenden Giftstoffe auf. Die Liste war, wohl dem technologischen Fortschritt entsprechend, nun etwas länger als jene der Giftverordnung. An Drogen listete sie nun unter dem Punkt „Alkaloide und Alkaloidsalze" explizit Morphin (und Nicotin) auf.[32]

VII. Das Opiumabkommen von 1912

Österreich-Ungarn war also auf der im Dezember 1911 und Jänner 1912 tagenden Opiumkonferenz in Den Haag nicht vertreten. Die Konferenz stand schon vor ihrem Beginn im Zeichen der Vorbehalte der Großmächte: Portugal wollte seinen Opiumhandel nicht einschränken, bevor nicht alle anderen Regierungen dasselbe taten, Italien wollte Cannabis auf die Liste der beanstandeten Drogen setzen, Russland weigerte sich, die traditionelle Mohnproduktion zu verbieten, Frankreich wollte keine Einmischung in interne Gesetze, Großbritannien und Frankreich wollten keine Kontrolle von Schiffen und Deutschland

29 §§ 1–4 der Verordnung der Ministerien des Innern und des Handels vom 17. September 1884, betreffend die Abgrenzung der Berechtigungen der Apotheken gegenüber den Materialwaarenhandlungen und den einschlägigen anderen Gewerben, RGBl. 152/1883.

30 § 3 der Verordnung des Ministeriums des Innern vom 8. Jänner 1906, gültig für alle im Reichsrate vertretenen Königreiche und Länder, betreffend die achte Ausgabe der österreichischen Pharmakopöe, RGBl. 10/1906. Vgl. dies ergänzend RGBl. 21/1908.

31 Zolltarifgesetz vom 13. Februar 1906, RGBl. 20/1906.

32 § 18 sowie Anlage C a/I/7 der Durchführungsvorschrift zum Zolltarifgesetze vom 13. Februar 1906, R.G.Bl. Nr. 20, in: Verordnung der Ministerien der Finanzen, des Handels und des Ackerbaues vom 21. Februar 1906, womit die Durchführungsvorschrift zum Zolltarifgesetze vom 13. Februar 1906, R.G.Bl. Nr. 20, erlassen wird, RGBl. 22/1906.

war gegen die Einbeziehung synthetischer Drogen. Dementsprechend schwierig waren die Verhandlungen. Das Ergebnis der Konferenz war das „Internationale Opiumabkommen" vom 23. Jänner 1912, ein verbindliches, aber nicht allzu folgenschweres Dokument ohne harte, konkrete Schritte. Seine wesentlichen Bestimmungen sind die folgenden: Zunächst definierte es Rohopium, forderte die Vertragsmächte zur Überwachung der Opiumerzeugung und der Begrenzung der Handelsplätze dafür auf. Ausfuhr in Länder, welche die Einfuhr verboten hatten, sollte generell unterbunden werden und ansonsten überwacht werden. Nur Berechtigte sollten mit Opium handeln dürfen. Ähnliches galt für mit einfachen Mitteln „zubereitetes Opium". Morphium, Heroin und auch das aus den Cocablättern gewonnene „Cocain" sollten nur über befugte Apotheken zu medizinischen oder sonst gesetzmäßigen Zwecken zu erhalten sein. Die Vertragsmächte sollten sich – eine betont vorsichtige Formulierung – „bemühen", Personen, welche mit den drei eben genannten Stoffen handelten, „zu überwachen" und die Produktion an eine staatliche Erlaubnis zu binden. Inlandverkehr und Export sollten ebenfalls an Erlaubnisse gebunden sein. Alle genannten Drogen dürften nicht mehr nach China exportiert werden. Weitere Bestimmungen betrafen Beschränkungen der Drogen in den ausländischen Niederlassungen in China, Berichtspflichten über die Umsetzung, das Inkrafttreten, eine Klausel zur Einladung und zum späteren Beitritt anderer Staaten (Adhäsionsklausel) und die Aufgabe der Niederlande, für den Beitritt anderer Staaten zu sorgen.[33]

VIII. Österreich-Ungarn und das Opiumabkommen

Ein großes Problem stand dem Gelingen des Opiumabkommens von 1912 entgegen: Das Deutsche Reich, offenbar gleicher Meinung wie Portugal und unterstützt von Frankreich, bestand darauf, dass auch kleinere Staaten auf der Welt, welche die im Opiumabkommen genannten Drogen produzierten, das Abkommen unterzeichneten und ratifizierten, bevor es in Kraft treten könne. Dies legte man in den Artikeln 23 und 24 des Opiumabkommens fest. Damit sollte verhindert werden, dass sich die Produktion einfach in andere Staaten auslagerte. Alle Staaten der Welt zu gewinnen, war keine einfache Aufgabe: Die US-Regierung kümmerte sich vornehmlich darum, die Staaten Nord- und Südamerikas

33 Vgl. die betreffenden Artikel des Volltextes in: Verordnung der Bundesregierung vom 12. Juli 1921, womit in Durchführung des Artikels 247 des Staatsvertrages von St. Germain das Haager Opiumabkommen vom 23. Jänner 1912 in Kraft gesetzt wird, BGBl. 361/1921.

auf Linie zu bringen, während die Niederlande an die anderen, vor allem europäischen Staaten herantrat. Man musste 34 Staaten der Welt überzeugen.[34]

Einer davon war Österreich-Ungarn. Schon im April 1912 trat die Niederländische Gesandtschaft an das Ministerium des Äußeren heran, um die Doppelmonarchie zum Beitritt einzuladen, weswegen die Regierung die Meinung der Ministerien einholte. Seitens der zuständigen Ministerien der cisleithanischen Reichshälfte gab es keine Bedenken gegen den Beitritt. Ein solcher sei im Gegenteil „nicht nur aus humanitären Erwägungen, sondern auch wegen des weiteren Ausbaues des Ansehens und der erfreulicherweise im steten Aufschwunge begriffenen kommerziellen und politischen Interesse[s] der Monarchie in Ostasien besonders wünschenswert" und stehe „in keinerlei Widerspruch mit den hierzulande giltigen strengen Vorschriften über das Arzneimittelwesen."[35] Die ungarische Reichshälfte war dem Abkommen nicht prinzipiell abgeneigt, jedoch kam es im Jahr 1913 zu einer Diskussion zwischen der österreichischen und der ungarischen Regierung über die Modalitäten der Unterzeichnung, welche bis zum Ersten Weltkrieg verhinderte, dass Österreich-Ungarn das Opiumabkommen überhaupt unterzeichnen konnte.[36]

Grund dafür war ein problematisches Detail des rechtlich hochkomplexen Ausgleiches zwischen Österreich und Ungarn, der nicht nur aus den politischen Bestimmungen über die berühmten „gemeinsamen"[37] Angelegenheiten wie Armee, Außenpolitik und die dafür nötigen Finanzen bestand, sondern auch aus dem sogenannten „wirtschaftlichen Ausgleich". Dieser regelte das gemeinsame Zollgebiet, die indirekten Steuern, die Koordinierung von Eisenbahn, Schifffahrt und Postwesen, das einheitliche Währungssystem und eben die Frage der mit anderen Staaten geschlossenen (Wirtschafts-)Verträge.[38] Grundlage für das Zoll-

34 Meyer/Parssinen, Webs of Smoke, 23; McAllister, Drug Diplomacy, 14–35; Memorandum for the Secretary of State on the diplomatic bases for the intervention of the United States for the suppression of the far eastern opium traffic, with the consequences of that intervention and the obligations upon this government to enact the necessary anti-opium legislation to accord with pledges entered into by virtue of the resolutions of the International Opium Commission and by articles of the International Opium Convention. Library of Congress, Presidential Papers Microfilm, Woodrow Wilson Papers, Series 4: Case Files 77, 83, Reel 200.

35 Einsichtsakt des Ministeriums des Innern über die internationale Opiumkonferenz im Haag, Zl. 35072/1912. ÖStA, AVA, K.k. Justiz-Ministerium, I-N-I China 1.

36 Einsichtsakt des Ministeriums des Innern über den internationalen Opiumvertrag, Zl. 29734/1914. ÖStA, AVA, K.k. Justiz-Ministerium, I-N-I China 1.

37 Vgl. Karin Olechowski-Hrdlicka, Die gemeinsamen Angelegenheiten der Österreichisch-Ungarischen Monarchie. Vorgeschichte – Ausgleich 1867 – Staatsrechtliche Kontroversen (Rechtshistorische Reihe 232), Frankfurt/Berlin/Bern/Bruxelles/New York/Oxford/Wien 2001.

38 József Galántai, Der österreichisch-ungarische Dualismus 1867–1918, Budapest/Wien 1990, 56.

und Handelsbündnis war ein eigenes Gesetz von 1867.[39] Es sah Regelungen für mit fremden Staaten abgeschlossene Verträge vor (Artikel II und III) und hatte eine zehnjährige Wirksamkeit (Artikel XXII). Daher musste es mehrfach erneuert werden, und zwar 1878, 1887, mit bedeutenden politischen und rechtlichen Schwierigkeiten 1899 und zum letzten Mal vor dem Ersten Weltkrieg 1907.[40]

In diesem letzten wirtschaftlichen Ausgleich regelten Artikel II und III den Abschluss neuer Verträge. Gemäß Artikel II hatten Verträge mit fremden Staaten zur Regelung wirtschaftlicher Beziehungen, insbesondere Handels-, Zoll-, Schiffahrts- und Konsularverträge für beide Reichshälften die gleiche bindende Kraft. Neue derartige Verträge, so bestimmte Artikel III, geschahen „mit Rechtswirksamkeit für beide Staaten vorbehaltlich der verfassungsmäßigen Genehmigung beider Legislativen durch den gemeinsamen Minister des Äußern auf Grundlage der Vereinbarungen, welche zwischen den Regierungen beider Staaten zu treffen“ waren.[41] Zu dem Ausgleichsvertrag gab es jedoch auch ein Schlußprotokoll, welches den Artikel III modifizierte: „Die Verträge des Artikels III werden durch den gemeinsamen Minister des Äußern oder durch einen gemeinsamen Vertreter und durch je einen Vertreter der beiden Regierungen unterfertigt werden.“[42]

Völkerrechtliche Verträge zerfielen für Österreich-Ungarn hinsichtlich der Modalitäten der Unterzeichnung daher in drei Kategorien: Kategorie eins umfasste Verträge, die „pragmatisch-gemeinsame“ Angelegenheiten (Armee, Außenpolitik, Finanzen) zum Inhalt haben, wie etwa Friedensverträge oder die Übereinkommen der Haager Friedenskonferenz zum Kriegsrecht.[43] Sie wurden vom Monarch und dem gemeinsamen Minister des Äußern unterzeichnet. Kategorie zwei waren „paktiert-gemeinsame“, wirtschaftliche Verträge im Sinne der besagten Artikel II und III, die in beiden Staaten gleiche Geltung haben

39 Gesetz vom 24. Dezember 1867, wodurch das Ministerium der im Reichsrate vertretenen Königreiche und Länder zur Vereinbarung eines Zoll- und Handelsbündnisses mit dem Ministerium der Länder der ungarischen Krone ermächtigt wird, RGBl. 4/1868.

40 Edmund Bernatzik, Die österreichischen Verfassungsgesetze mit Erläuterungen, 2. Aufl. (Studienausgabe Österreichischer Gesetze 3), Wien 1911, 570–576.

41 Vertrag, betreffend die Regelung der wechselseitigen handels- und Verkehrsbeziehungen zwischen den im Reichsrate vertretenen Königreichen und Ländern und den Ländern der heiligen ungarischen Krone. Abgedruckt in: Bernatzik, Die österreichischen Verfassungsgesetze, 2. Aufl., 580–609. Siehe auch RGBl. 278/1907. Siehe auch Gemeinsamer Ministerrat, Wien, 9. Oktober 1907 Nr. 73 und Gemeinsamer Ministerrat vom 13. Oktober 1907 Nr. 74, in: Die Protokolle des gemeinsamen Ministerrates der Österreichisch-Ungarischen Monarchie 1896–1907, Bd. V, bearb. v. Éva Somogyi, Budapest 1991, 556–567.

42 Schlussprotokoll. Anläßlich der Unterzeichnung des Vertrages, betreffend die Regelung der wechselseitigen Handels- und Verkehrsbeziehungen zwischen den im Reichsrate vertretenen Königreichen und Ländern und den Ländern der heiligen ungarischen Krone […]. Abgedruckt in: Bernatzik, Die österreichischen Verfassungsgesetze, 2. Aufl., 613–621.

43 Siehe RGBl. 174/1913.

mussten und die neben dem Kaiser (bzw. König) auch der Minister des Äußern und je ein Vertreter der jeweiligen Regierung unterschrieb. Die dritte Kategorie war nicht geregelt. Sie betraf Verträge, die in die autonomen Angelegenheiten der Staaten fielen, wie etwa humanitäre Angelegenheiten, Arbeiterschutz oder internationales Privatrecht. Sie wurden einer ungeschriebenen Rechtsfortbildung zufolge vom Staatsoberhaupt, dem gemeinsamen Minister des Äußern und einem Vertreter der jeweiligen betroffenen Reichshälfte unterzeichnet. Wenn der Vertrag beide Teile betraf, dann von je einem Vertreter.[44]

Es spießte sich bei der Frage, wie das Opiumabkommen von 1912 in dieses Schema eingeordnet werden sollte. Die cisleithanische Regierung hielt das Opiumabkommen für eine Materie „paktiert-gemeinsamer" Natur, wobei es durchaus autonome Teile gab, die jedoch aus dem Vertragswerk nicht herauszulösen waren. Außerdem berühre das Abkommen auch das österreichisch-ungarische Settlement in Tientsin, welches von Österreich-Ungarn verwaltet werde. Die ungarische Regierung hingegen sah dies anders: Der herrschende Gedanke des Opiumabkommens sei ein humanitärer, weswegen sie auf eine Unterzeichnung nach der dritten Kategorie beharrte. Diese Meinungsverschiedenheit, die von außen betrachtet eigentlich nur eine formale Frage betraf, im Innenverhältnis aber vor allem mit der sehr heiklen dualistischen Selbstbehauptung Ungarns zu tun hatte, konnte nicht ausgeräumt werden. Die niederländische und die britische Regierung fragten im Zuge der Vorbereitung und Durchführung beiden Folgekonferenzen in Sachen Opium (1913 und 1914) wieder in Wien an und auch machten klar, dass das Abkommen andernfalls zu scheitern drohte. Sie schlugen vor, dass Österreich-Ungarn die Klippen des Dualismus mit zumindest einer (formlosen) Erklärung umschiffen sollte, dass es jedenfalls bereit wäre, die Bestimmungen des Opiumabkommens umzusetzen. Am Ballhausplatz war man peinlich berührt, nannte die Vorschläge „allerdings etwas befremdend" und „jedenfalls ganz singulär". Trotzdem geschah dies letztendlich und das Ministerium des Äußern teilte den Regierungen der Niederlande und Großbritanniens mit, dass Österreich-Ungarn die feste Absicht habe, der „Opiumkonvention" beizutreten und die innerstaatlichen Maßnahmen rechtzeitig zum Inkrafttreten zu ergreifen.[45]

44 Bericht der Ausgleichskommission vom 17. Dezember 1907. Nr. 23 der Beilagen zu den stenographischen Protokollen des Herrenhauses, XVIII. Session 1907, 18–19; Bernatzik, Die österreichischen Verfassungsgesetze, 2. Aufl., 647–650.

45 Einsichtsakt des Ministeriums des Innern über den internationalen Opiumvertrag, Zl. 29734/1914. ÖStA, AVA, K.k. Justiz-Ministerium, I-N-I China 1.

IX. Eine neue Chance für das Opiumabkommen: die Pariser Friedenskonferenz 1919

Bevor 1914 der Erste Weltkrieg ausbrach und die Frage der internationalen Drogenkontrolle erst einmal auf Eis legte, hatte man acht Staaten überzeugt, das Abkommen zu ratifizieren und 24 das Versprechen abgerungen, es zu unterzeichnen oder zumindest autonom umzusetzen. Das Osmanische Reich und Serbien blieben bis zuletzt ablehnend.[46] Bei der Pariser Friedenskonferenz 1919 bot sich schließlich die einmalige Gelegenheit, das Opiumabkommen in ein Vertragswerk einzubinden, welches die restlichen Staaten wohl unterzeichnen und ratifizieren würden. Zunächst war man sich aber noch unsicher, ob das Thema Opium, welches nicht direkt mit den durch den Krieg aufgeworfenen Fragen zu tun hatte, auf die Agenda sollte. Chinesische Politiker setzten sich im Vorfeld dafür ein, Zweifel an der Zulässigkeit äußerte aber hingegen etwa der US-amerikanische Botschafter in London. Letztendlich rangen sich jedoch sowohl Großbritannien als auch die USA dazu durch, das Thema auf die Agenda der Friedenskonferenz zu setzen. Grund dafür war nicht zuletzt die Öffentlichkeitsarbeit der 1918 in Peking gegründeten „International Anti-Opium Association“. Sie war ein Sammelbecken von britischen, US-amerikanischen und chinesischen Opiumgegnern, welche in der Folge eine rege Tätigkeit entwickelte.[47]

Die Delegationen Großbritanniens und der USA stellten zeitgleich während der Konferenz jeweils eigene Entwürfe zur Diskussion, mit denen das Opiumabkommen in die Friedensverträge eingebaut werden sollte. Im Rat der Außenminister kamen die Entwürfe am 15. April 1919 zur Sprache. Ein britischer Vorschlag wollte zunächst nur den jeweiligen „Verliererstaat“, also zum Beispiel Deutschland, verpflichten, das Abkommen zu ratifizieren und die entsprechenden innerstaatlichen Gesetze zu erlassen. Der US-amerikanische Außenminister Robert Lansing schlug hingegen vor, alle Unterzeichner des Friedensvertrages, welche das Opiumabkommen noch nicht unterzeichnet, ratifiziert oder umgesetzt hatten, eben dazu zu verpflichten. Außerdem gab es von japanischer Seite Einwände gegen in den Entwürfen enthaltene Umsetzungsfristen von drei Monaten, welche in der Tat recht knapp bemessen waren. Man schickte die Entwürfe schließlich zum Komitee für Entwürfe zurück, um eine konsolidierte Version zu erstellen.[48]

46 McAllister, Drug Diplomacy, 35.

47 Steffen Rimner, Opium's Long Shadow. From Asian Revolt to Global Drug Control, Cambridge/London 2018, 267–271.

48 Papers relating to the Foreign Relations of the United States, The Paris Peace Conference, 1919, vol. IV, hg. v. United States Department of State, Washington 1919, 552–553.

Diese kam zwei Tage später zurück, allerdings ohne den US-amerikanischen Zusatz, alle Unterzeichner des Friedensvertrages zur letztendlichen Umsetzung des Opiumabkommens zu verpflichten. Daraufhin entspann sich eine Diskussion, ob es opportun sei, die Siegerstaaten mit einem solchen Friedensvertrag gegenseitig an eine Übereinkunft zu binden, die mit dem Frieden an sich gar nichts zu tun hatte. Die Briten waren dagegen, Lansing vehement dafür. Die Franzosen wiederum schlugen vor, die Umsetzung des Opiumabkommens zur Bedingung für den Beitritt zum Völkerbund zu machen. Der italienische Außenminister Sidney Sonnino kam seinem Kollegen Lansing zu Hilfe und sprach sich ebenfalls für dessen Vorschlag aus, woraufhin sich die französischen und britischen Delegierten schließlich damit einverstanden erklärten. Außerdem verlängerten die Verhandler in Paris die Umsetzungsfrist auf ein Jahr.[49] Das Ergebnis[50] war schließlich der Text, wie er im Staatsvertrag von Saint-Germain-en-Laye[51] mit Österreich in Artikel 247 zu finden ist:

> „Diejenigen der Hohen vertragschließenden Teile, die das Haager Opiumabkommen vom 23. Jänner 1912 noch nicht unterzeichnet oder nach der Unterzeichnung noch nicht ratifiziert haben, erklären sich damit einverstanden, das Abkommen in Kraft zu setzen und zu diesem Zwecke sobald als möglich und spätestens binnen 12 Monaten nach dem Inkrafttreten des gegenwärtigen Vertrages die nötigen Gesetze zu erlassen. Die Hohen vertragschließenden Teile kommen außerdem überein, daß für diejenigen von ihnen, die das genannte Übereinkommen noch nicht ratifiziert haben, die Ratifikation des gegenwärtigen Vertrages in jeder Hinsicht einer solchen Ratifikation und der Unterzeichnung des Spezialprotokolls gleichkommen soll, das im Haag gemäß den Beschlüssen der dritten im Jahre 1914 zur Inkraftsetzung dieses Übereinkommens abgehaltenen Opiumkonferenz aufgenommen worden ist. Die Regierung der französischen Republik wird der Regierung der Niederlande eine beglaubigte Abschrift des Protokolls über die Hinterlegung der Ratifikationen des gegenwärtigen Vertrages übermitteln und sie ersuchen, diese Urkunde als Hinterlegung der Ratifikationen des Abkommens vom 23. Jänner 1912 und als Unterzeichnung des Zusatzprotokolls von 1914 entgegenzunehmen und anzuerkennen."

Faktisch ident findet sich dieser Text im Artikel 295 des Vertrages von Versailles mit Deutschland, im Artikel 230 des Vertrages von Trianon mit Ungarn, im Artikel 174 des Vertrages von Neuilly-sur-Seine mit Bulgarien und dem Artikel 280 des Vertrages von Sèvres mit der Türkei. Mit der enormen völkerrechtlichen Breitenwirkung dieser Verträge konnten ab 1919 34 zusätzliche Ratifikationen des Opiumabkommens von 1912 sichergestellt werden.[52] Außerdem

49 FRUS, PPC, 1919, vol. IV, 567–568; siehe auch FRUS, PPC, 1919, vol. IV, 595.

50 Siehe zu den Verhandlungen auch David Hunter Miller, My Diary At the Conference of Paris. With Documents. Volume XVI, [New York] 1925, 22–24, 51–54, 90–92.

51 StGBl 303/1920.

52 FRUS, PPC, 1919, vol. XIII, 580.

verankerte man die Opiumfrage in den Bestimmungen über die neue internationale Organisation, den Völkerbund: Gemäß Artikel 23 (c) der in allen Friedensverträgen enthaltenen Satzung des Völkerbundes, betrauen die Mitglieder „den Bund mit der allgemeinen Überwachung der Abmachungen, betreffend den Mädchen- und Kinderhandel sowie den Handel mit Opium und anderen schädlichen Stoffen.“[53]

Die Republik Österreich hielt die Jahresfrist nach Inkrafttreten des Vertrages ein: Mit einer Verordnung der Bundesregierung vom 12. Juli 1921 setzte man das Haager Opiumabkommen in Österreich in Kraft.[54] Eine Tags darauf erlassene Durchführungsverordnung ermächtigte die für die Sanitätsverwaltung zuständigen Bundesorgane, alle Örtlichkeiten, in denen rohes Opium, Morphin, Heroin und Kokain hergestellt, verarbeitet, aufbewahrt und verkauft wurde, zu kontrollieren. Solche Unternehmen oder Institutionen hatten außerdem detaillierte Aufzeichnungen zu führen. Ausgenommen waren lediglich Apotheken.[55] Ergänzend dazu regelte eine Verordnung Ein- und Ausfuhrbeschränkungen für Opiate und Kokain, welche nur mehr mit „fallweiser Genehmigung des Bundesministeriums für soziale Verwaltung“ ein- und ausgeführt werden durften. Ausnahmen galten auch hier für Apotheken, aber auch für wissenschaftliche Institute und den pharmazeutischen Großhandel.[56]

X. Eckpunkte der Nachkriegsentwicklung

Mit der Umsetzung der Bestimmungen des Vertrages von St. Germain in Bezug auf das Opiumabkommen und dem Beitritt der Republik zum Völkerbund im Dezember 1920 begann die aktive Teilnahme Österreichs an der internationalen Drogenverbotspolitik. Das Zentrum derselben war nach dem Ersten Weltkrieg eindeutig Genf. Dort operierte ein entsprechendes Komitee des Völkerbundes, in dem Regierungsvertreter der Mitgliedsstaaten aktiv waren.

Ein Höhepunkt der Anstrengungen gegen Drogen war die Opiumkonferenz von 1925 in Genf, welche in einem internationalen Opiumabkommen gipfelte. Es

53 Bertil A. Renborg, International Control of Narcotics, in: Law and Contemporary Problems 22 (1957) 1, 86–112, 87.

54 Verordnung der Bundesregierung vom 12. Juli 1921, womit in Durchführung des Artikels 247 des Staatsvertrages von St. Germain das Haager Opiumabkommen vom 23. Jänner 1912 in Kraft gesetzt wird, BGBl. 361/1921.

55 Verordnung des Bundesministeriums für soziale Verwaltung vom 13. Juli 1921, betreffend Vorkehrungen zur Durchführung des Haager Opiumabkommens, BGBl. 362/1921.

56 Verordnung des Bundesministeriums für Finanzen im Einvernehmen mit dem Bundesministerium für soziale Verwaltung und für Handel und Gewerbe, Industrie und Bauten vom 13. Juli 1921, über die Ein- und Ausfuhrbeschränkungen auf Grund des Haager Opiumabkommens, BGBl. 363/1921.

sah hauptsächlich[57] ein System der rigiden Inlandskontrolle der Herstellung, des Verkaufes und Verkehrs von (Roh-)Opium, Morphium, Kokablättern und Kokain vor. Im Auslandsverkehr wurden Zertifikate für den Handel eingeführt: Internationaler Handel mit ihnen war demnach idealerweise nur mehr möglich, wenn der Exporteur ein Zertifikat des Importeurs mit Unterschrift einer Regierungsstelle des Ziellandes vorweisen konnte, dass die Drogen legitimen Zwecken dienten.

Da in Österreich schon einige Beschränkungen aus der Zeit der Monarchie bestanden, rief die Opiumkonvention von 1925 zunächst kein großes Echo in der Verwaltung hervor. Es zeigte sich aber, dass die gesetzliche Lage unzureichend war, wie der Wiener Polizeipräsident Johann(es) Schober 1928 berichtete: „Die Tatsache, dass einer im verflossenen Jahre beamtshandelten Drogengrosshandelsfirma [Dr. Karl Schulten, Anm.d.A.] nachgewiesen werden konnte, dass sie in den letzten drei Jahren mehr als 500 kg Rauschgifte in vorschriftswidriger Weise in den Verkehr zu bringen vermocht hat, beweist, dass die derzeit bestehenden Vorschriften absolut nicht genügen, um den Verbrauch an Rauschgiften, zu dessen Kontrolle Österreich infolge des Haager Opiumabkommens verpflichtet ist, wirksam überwachen zu können. Die derzeit geltenden Vorschriften über die Handelskontrolle sind nicht nur deswegen unzulänglich, weil sie ungenau sind und ihnen jede Strafsanktion mangelt, sondern insbesondere auch deswegen, weil dem mit der Kontrolle betrauten Bundesministerium für soziale Verwaltung jede Exekutivgewalt fehlt, welche es in die Lage versetzen würde, die ihm von den einzelnen Firmen gegebenen Handelsdaten wirksam überprüfen zu können."[58]

Tatsächlich war der Beschuldigte der von Schober erwähnten Handelsfirma nur zu einer Geldstrafe von 160 Schilling verurteilt worden und es hatte diesbezüglich Medienberichte und eine Anfrage des Völkerbundes an Österreich gegeben. Im Ausland, so das Außenministerium, entstünde schon der Eindruck, Österreich entwickele sich zu einem Drogenumschlagsplatz. Untermauert wurde dies von Zahlen der Wiener Polizei, denen zufolge die (wenigen) Anzeigen wegen Suchtgiftdelikten in den späten 1920er-Jahren zunahmen. Man ging für Österreich von rund 2.000 „Kokainisten, Morphinisten und Opiumrauchern" aus, wobei dies eher ein Oberschichtphänomen war.[59] Schließlich behob man die

57 Neben z.B. der erstmaligen Einbeziehung von Cannabis („indischem Hanf") gemäß Artikel 11 in die Liste der regulierten Drogen.

58 Schreiben der Wiener Polizeidirektion an das Bundeskanzleramt vom 10. Februar 1928 Zl. W.P. 221/28 (Abschrift). ÖStA, Archiv der Republik (AdR), Auswärtige Angelegenheiten, Handelspolitik Wirtschaftspolitik Abteilung 14 Ernährungswesen Karton 26.

59 Memorandum pro domo zum Betreff „Überwachung des Opiumhandels durch den Völkerbund; Massnahmen zur Kontrolle des Verkehrs mit Rauschgiften" Zl. 93.960–14a/1928. ÖStA, AdR, Auswärtige Angelegenheiten, Handelspolitik Wirtschaftspolitik Abteilung 14 Ernährungswesen Karton 26; Arno Pilgram, Mit dem Gesetz gegen Drogen – zur Geschichte

angesprochenen Missstände und Österreich setzte die Opiumkonvention von 1925 daher im Jahre 1928 nicht nur mit Verlautbarung im Bundesgesetzblatt, sondern auch mit einem neuen Giftgesetz und einer entsprechenden Verordnung um.[60] Das am 1. Jänner 1929 in Kraft getretene Giftgesetz umfasste jetzt nicht nur allgemeine Gifte, sondern auch ausdrücklich die Rauschgifte im Sinne der Konvention von 1925. Der Herstellung Verarbeitung, Erwerb und Besitz mit entsprechenden Giften außerhalb von Apotheken und wissenschaftlichen Institutionen war an eine besondere Bewilligung des Bundesministeriums für soziale Verwaltung geknüpft, wissenschaftliche Institutionen brauchten zum Erhalt von Giften jedoch auch eine Bestätigung des Leiters (in der Regel des Rektors) oder der politischen Verwaltungsbehörde. Weitere Vorschriften wie etwa Buchführung über den Verkehr mit Giften waren späteren Verordnungen vorbehalten. Erstmals kam es durch das Giftgesetz auch zu einer Kriminalisierung des illegalen Suchtgifthandels: § 361 des Strafgesetzbuches wurde modifiziert. Demnach waren vorschriftswidrige Herstellung, Verarbeitung, Besitz, Überlassung, ärztliche Verschreibung ohne Heilzweck und Missbrauch entsprechender Bewilligungen und Dokumente als Übertretung mit einer Woche bis sechs Monaten Arrest, im Falle einer gewerbsmäßigen Begehung ebenso langem strengem Arrest zu bestrafen. Weiters waren im Falle schwerer körperlicher Schädigung oder des Todes aufrgund solch einer Übertretung zusätzlich zu den allgemeinen Arreststrafen des Strafgesetzbuches noch Geldstrafen vorgesehen. Abgesehen von der gerichtlichen Strafbarkeit drohten von der zuständigen politischen Verwaltungsbehörde empfindliche Arrest- und Geldstrafen. Zu guter Letzt bestimmte das Gesetz die Polizeidirektion Wien als zukünftige „Zentralevidenzstelle in Angelegenheiten der Bekämpfung des unerlaubten Verkehres mit Rauschgiften" und betraute das Bundesministerium für soziale Verwaltung mit der Durchführung.[61]

---

des österreichischen Suchtgiftgesetzes, in: Beiträge zur historischen Sozialkunde 22 (1992) 1, 26–32, 29.

60 Meyer/Parssinen, Webs of Smoke, 30; McAllister, Drug Diplomacy, 76; Ernst Eben/Gerhard Kodek/Josef Pipal, Kommentar zur Suchtgiftgesetzgebung. Erste umfassende Darstellung der in Österreich geltenden Bestimmungen, Wien 1980, 11–12; Regina Thumser-Wöhs, Spuren der Sucht. Praktiken und Netzwerke von MorphinisInnen und KokainistInnen im 19. und frühen 20. Jahrhundert unter besonderer Bedachtnahme auf KünstlerInnen, phil. Habil., Universität Linz 2012, 171; Internationale Opiumkonvention, BGBl. 244/1928; Bundesgesetz vom 23. Oktober 1928 über den Verkehr und über die Gebarung mit Gift (Giftgesetz), BGBl. 297/1928; Verordnung des Bundesministers für soziale Verwaltung vom 20. Dezember 1928 im Einvernehmen mit dem Bundeskanzler, den Bundesministern für Land- und Forstwirtschaft sowie für Handel und Verkehr zum Bundesgesetz vom 23. Oktober 1928, B.G.Bl. Nr. 297, über den Verkehr und die Gebarung mit Gift (Giftverordnung), BGBl. 362/1928.

61 §§ 1–13 des Bundesgesetzes vom 23. Oktober 1928 über den Verkehr und über die Gebarung mit Gift (Giftgesetz), BGBl. 297/1928.

Das internationale Zertifikatesystem der Opiumkonvention von 1925 war erfolgreich, als nächsten Schritt nahmen sich die internationalen Drogenbekämpfer die Produktion vor: Ein weiteres Abkommen von 1931 legte Quoten für die Inlandsproduktion von Drogen fest und errichtete einen internationalen Überwachungsausschuss. Österreich verlautbarte dies erst in wesentlich veränderten politischen Rahmenbedingungen am 22. August 1934.[62] Der nächste Schritt der internationalen Drogenverbotspolitik, das Abkommen von 1936, welches eine Reihe von Bestimmungen zur innerstaatlichen, strafrechtlichen Verankerung der Drogenverbotspolitik, der Auslieferung von Personen, die sich Delikten in Zusammenhang mit Drogen(schmuggel) schuldig gemacht haben und zur internationalen Kooperation enthielt, wurde aufgrund des Anschlusses und des Zweiten Weltkrieges erst 1950 Teil der österreichischen Rechtsordnung.[63]

62 Meyer/Parssinen, Webs of Smoke, 31–32; McAllister, Drug Diplomacy, 95–96; Abkommen zur Beschränkung der Herstellung und zur Regelung der Verteilung der Betäubungsmittel, BGBl. II 198/1934.

63 Übereinkommen von 1936 zur Unterdrückung des unerlaubten Handels mit Suchtgiften, BGBl. 178/1950; Meyer/Parssinen, Webs of Smoke, 32–33.

zeitgeschichte extra

Hüseyin I. Çiçek

„Kore'ye sılâhlı kuvvetler gönderiyoruz" [„Wir senden unsere Streitkräfte nach Korea"]. Die türkische Presse und der Koreakrieg[1]

I. Einleitung

Hükûmet dünya çapında ehemmiyet taşıyan bir karar aldı

Kore savaşına 4500 kişilik bir askerî kuvvetle katılıyoruz

Silâhlı yardım kararı Bayarın riyasetindeki toplantıda alındı

Bakanlar Kurulunun Cumhurbaşkanının reisliğindeki toplantısında Meclis ve Genelkurmay Başkanları da bulundu

Köprülü kararımızı Trygve Lie'ye bildirdi

Abb. 1: Mit 4500 Soldaten beteiligen wir uns am Koreakrieg, „Hürriyet", 25. 7. 1950.

Die türkische Brigade (Codename Kutup Yıldızı/North Star) beteiligte sich zwischen dem 20. September 1950 und dem 20. August 1953 am Koreakrieg. Über 4500 türkische Soldaten nahmen an diesem Krieg teil, mehr als 721 starben dabei, 243 wurden gefangengenommen, 175 blieben vermisst und 2147 wurden verwundet.[2] Somit stellte die Türkei, nach den amerikanischen, britischen, ka-

1 Wir senden unsere Streitkräfte nach Korea, Hürriyet, 25. 9. 1950. Alle Übersetzungen in diesem Artikel, sofern nicht explizit anders ausgewiesen, gehen auf den Autor zurück.

2 Kore Harbinde Türk Silahli Kuvvetlerinin Muhareberlire (1950–1953) [Die bewaffneten Auseinandersetzungen der türkischen Streitkräfte im Koreakrieg], T. C. Genelkurmay Harp Tarihi Başkanlığı, Resmi Yayinları Seri No. 7, Ankara 1975, 175; Baskın Oran (Hg.), Türk Dış Politikası. Kurtuluş Savaşından Bugüne Olgular, Belgeler, Yorumlar [Die türkische Außenpolitik. Vom Unabhängigkeitskrieg bis zur Gegenwart. Fakten, Dokumente, Analysen], Istanbul [20]2015, 496; auch Arthur H. Mitchell, Understanding the Korean War. The Participants, the Tactics, and the Course of Conflict, Jefferson 2013, 248. Laut Denizili betrug die Zahl der Gefallenen und verwundeten türkischen Soldaten insgesamt 2.068. Mindestens 937 wur-

nadischen und südkoreanischen Streitkräften, das fünftgrößte Militärkontingent in Korea.[3] Für die türkische Presse und führende Politiker der Regierungspartei (Demokratische Partei, DP) sowie der wichtigsten Oppositionspartei (Cumhuriyet Halk Partisi, CHP) war der hohe Blutzoll eine unausweichliche Notwendigkeit für die zukünftige Sicherheit der Türkei. Ankara war davon überzeugt, dass nur eine eigene Teilnahme an einer internationalen militärischen Allianz von demokratischen Staaten eine ausreichende Sicherheit gegenüber der UdSSR gewährleisten könne. Die strategischen und politischen Überlegungen der Türkei waren zweifellos richtig. Noch während des Zweiten Weltkrieges hatte sie nämlich nicht nur eine aktive Neutralität verfolgt.[4] Beispielsweise hatte sie deutschen Kriegsschiffen erlaubt, die Meerengen zu passieren, während es den Alliierten nicht gestattet worden war.

Bereits mehrfach hatte Churchill während des Zweiten Weltkrieges Kritik an der Haltung Ankaras geübt und immer wieder türkische Diplomaten und Politiker auf diese Politik angesprochen. Erst mit der deutschen Niederlage in Stalingrad sowie der Landung der Alliierten in Nordfrankreich im Juni 1944 lockerte die Regierung in Ankara schrittweise ihre Beziehungen zu Nazi-Deutschland. Dies wurde natürlich von den Alliierten nicht übersehen und Churchill setzte sich auf der Konferenz der „Großen Drei" in Teheran sehr stark für eine Revision in der Meerengenfrage ein. Aus den Dokumenten des State Department geht hervor, dass der britische Premierminister das Verhalten der Türkei während des Zweiten Weltkrieges verurteilte und die Sowjetunion ermutigte, Druck auf die Türkei auszuüben.[5] In einer Unterredung mit Stalin äußerte sich Churchill wie folgt: „[...] that England had now no objections to Russia's access to warm water ports, although he admitted that in the past she had."[6] Mit der Kapitulation Nazi-Deutschlands wurde die Türkei von Großbritannien und anderen westeuropäischen Nationen isoliert. Letzteres jedoch nicht nur, weil die Türkei geografisch, politisch oder religiös sich von ihnen unterschied, sondern vielmehr weil Ankara während des Krieges, um es mit den Worten von Churchill auszudrücken, kein Interesse gezeigt hatte, sich gegen Nazi-Deutschland zu stellen. „The Turks were not interested in fighting the

den vermisst. Ali Denizili, Kore Harbinde Türk Tugayı [Die türkische Brigarde im Koreakrieg], Diss., Ufuk Universitesi Ankara 1992, 233.

3 United States Forces Korea – United Nations Command, URL: http://www.usfk.mil/About/United-Nations-Command/ (abgerufen 28.2.2018).

4 Zehra Önder, Die türkische Außenpolitik im Zweiten Weltkrieg (Südosteuropäische Arbeiten 73), München 1977.

5 Foreign Relations of the United States (FRUS), Conference at Cairo and Teheran, 1943, hg. v. United States Department of State, Washington, D.C. 1961, 536.

6 Ebd., 566–567.

Germans. [...] If they were to fight, it would be to protect their present and future positions against their only perceived enemy: the Russians."[7]

Für die alliierten Kriegsparteien Europas stellte die Türkei, aufgrund ihrer politischen Haltung gegenüber Nazi-Deutschland, keinen verlässlichen Partner dar. Die „Sunday Times" schrieb am 28. Mai 1944, dass die Türkei sich nicht der Illusion hingeben dürfe, dass die Sieger, denen sie nicht geholfen habe, ihr so danken könnten, als wenn sie ihnen geholfen hätte.[8] Interessanterweise war die Kritik Washingtons weniger stark und dies ermöglichte der Türkei, durch bilaterale Beziehungen mit den Vereinigten Staaten ihre Nachkriegsposition zu verbessern. Churchill hatte Stalin mehrfach darin bestärkt, den türkischen Einfluss auf die Meerengen zu beschneiden und somit die Sowjetunion an ihrer Südflanke weniger angreifbar zu machen.[9] Vor allem die ideologischen und geopolitischen Verhärtungen im Rahmen des Kalten Krieges eröffneten der Türkei nach 1945 jedoch die Möglichkeit, sich aktiv in die Blockpolitik des Westens zu integrieren.

Großbritannien, Norwegen, Dänemark, die Niederlande und Belgien äußerten 1949 große Bedenken bezüglich einer Teilnahme der Türkei am Nordatlantikpakt. Diese Vorbehalte sollten aber schnell entkräftet werden.[10] Regierung und Opposition in der Türkei waren gleichermaßen davon überzeugt, dass eine offen praktizierte antikommunistische Politik ein geeignetes Mittel dafür war.[11] Die Haltung sowohl der islamischen DP (Demokratische Partei) als auch der kemalistisch-säkularen CHP (Republikanische Partei) war davon geprägt, dass die „rote" Bedrohung rasch, weltweit und mit massiver Härte eingedämmt werden musste. Dieser Konsens führte dazu, dass beide Parteien während des Koreakrieges eine gemeinsame politische Linie verfolgten.[12]

Trotzdem stand für die DP aus zwei wichtigen Gründen mehr auf dem Spiel: Seit der Gründung der türkischen Republik (1) arbeitete die kemalistische Führung des Landes mit einem radikalen Laizismus-Konzept an einer Politisierung des sunnitischen Islam von oben.[13] Im Zuge dessen wurde u. a. das Kalifat abgeschafft, Koranschulen und Scharia-Gerichte aufgelöst. Gleichzeitig wurden westliche Zivilcodes, Verfassungsrecht etc. in der Türkei eingeführt.

7 Hüseyin I. Çiçek, Die Truman Doktrin und die Transformation des politischen Systems der Türkei, Dipl. Arb., Universität Innsbruck 2006, 102.

8 Ebd., 105.

9 FRUS, Conference at Cairo and Teheran, 536, ebenso 566–568.

10 George S. Harris, Troubled Alliance. Turkish-American problems in historical perspective 1945–1971, Washington, D.C. 1972, 31–49.

11 Oran (Hg.), Türk Dış Politikası, 496.

12 Cangül Örnek, Türkiye'nin soğuk savaş düşünce hayatı. Antikomünizm ve Amerikan etkisi [Das politische Denken der Türkei im Kalten Krieg. Antikommunismus und der Einfluss der USA], Istanbul 2015.

13 Hüseyin I. Çiçek, Eine Politisierung der Religion von oben, Die Furche, Nr. 73, 2017, 13–14.

Parallel zu den aufgelisteten Punkten (2) wurde der sunnitische Islam seitens der kemalistischen Führung neu inszeniert. Das Präsidium für Religionsangelegenheiten, das im Jahr der Abschaffung des Kalifats gegründet worden war, hatte zur Aufgabe, die kemalistische Modernisierungs- und Homogenisierungspolitik zu subventionieren.[14] Die 1950er-Jahre ermöglichten der DP, im Rahmen des aufbrechenden Kalten Krieges sowie der damit zusammenhängenden Transformation des politischen Systems in ein Mehrparteiensystem, die Befreiung der Religion aus dem Würgegriff der CHP. Dies hatte nicht zur Folge, dass der Laizismus[15] sich in der Türkei durchzusetzen begann, sondern vielmehr dass u. a. Koranschulen und Ordensgemeinschaften wiedereröffnet wurden und der sunnitische Islam auf dem tagespolitischen Parkett sichtbarer wurde. Bereits die CHP hatte nach dem Zweiten Weltkrieg begonnen, ihre rigide Religionspolitik aufzuweichen, zumal sie in ihrem antikommunistischen Kampf der Religion mehr Raum bieten wollte.[16]

Ermutigt wurde sie vor allem durch die Religionspolitik der Truman-Administration. Bereits der amerikanische Assistant Secretary of State George C. McGhee verwies auf der von ihm am 26. November 1949 in Istanbul organisierten Konferenz für amerikanische Diplomaten darauf, dass die Türkei im Kampf gegen den Kommunismus ein unentbehrlicher Partner sei.[17] Für das Council on Foreign Relations (CFR) und den damaligen amerikanischen Türkeiexperten im Umfeld von McGhee galt die junge Republik als politische Vorbildnation, welche die arabischen Länder vor einer kommunistischen Transformation bewahren konnte. Vor allem das kemalistische Zusammenspiel von Autoritarismus[18] und Modernisierung faszinierte die USA.[19] Das State Department errichtete ein Büro, das sich den Herausforderungen im Nahen Osten, Südasien und Afrika (NEA) explizit widmete. Zu dessen Experten zählten der

14 Ebd.

15 Die strikte Trennung von Staat und Kirche – selbstverständlich trifft der Begriff „Kirche“ im Islam nicht zu, er soll hier auch nur als technischer Begriff verstanden werden.

16 Michael Gehler, Von Mustafa Kemal „Atatürk“ bis Adnan Menderes und zu der EWG-Assoziierung der Türkei (1919–1963). Zur Kontextualisierung der Berichte von Botschafter Karl Hartl aus Ankara, in: Rudolf Agstner/Michael Gehler (Hg.), Die Türkei, Europa und der Nahe Osten. Die Berichte des österreichischen Botschafters Karl Hartl aus Ankara, 1958–1963 (Forschungen zur Geschichte des Österreichischen Auswärtigen Dienstes), Berlin u. a. 2016, 11–53, hier 36.

17 George Crews McGhee, Envoy to the Middle World adventures in diplomacy, New York u. a. 1983; ebenso dazu die Einschätzung in FRUS, 1949. The Near East, South Asia, and Africa, vol. VI, hg. v. United States Department of State, Washington, D.C. 1977, 1638–1685.

18 Halil Magnus Karaveli, Why Turkey is authoritarian. From Atatürk to Erdoğan, London 2018.

19 Nathan J. Citino, The Ottoman Legacy in Cold War Modernization, in: International Journal of Middle East Studies 40 (2008) 4, 579–597; Daniel Lerner, The passing of traditional society. Modernizing the Middle East, with the collaboration of Lucille W. Pevsner and an introduction by David Riesman, Glencoe Ill. 1958.

Assyriologe E. A. Speiser, der amerikanische Islamwissenschaftler Philip Hitti, der libanesische Soziologe Afif I. Tannous, der deutsche Politologe und Türkei-Kenner Dankwart A. Rustow, der Politikwissenschaftler J. C. Hurewitz sowie der Iranologe T. Cuyler Young.[20] Diese Experten verfassten immer wieder Policy-Papers zur aktuellen Lage Ankaras. Rustow bezeichnete die Türkei in einigen seiner Schriften als „Eckstein" der westlichen Verteidigungsallianz im Nahen Osten.[21]

Bereits während der Italienkrise (1946)[22] beauftragte US-Präsident Truman den Christdemokraten Myron C. Taylor (1874–1959), in Europa eine Front der Weltreligionen gegen Moskau zu errichten.[23] Taylor hatte sich bereits unter Präsident Roosevelt bewährt und Kontakte bspw. zum Vatikan aufgebaut, zumal der amerikanische Präsident mit Hilfe des Heiligen Stuhls amerikanische Katholiken von der Rechtmäßigkeit des Krieges gegen Hitler und der in diesem partikularen Zusammenhang notwendigen Unterstützung Moskaus überzeugen wollte.[24] Die Teilnahme am Kalten Krieg auf der Seite der USA ermöglichte, dass islamisch-konservative Parteien die Religion für ihre politischen Zwecke nutzen konnten. Der Islam wurde als Bollwerk gegen den atheistischen Kommunismus und Sozialismus präsentiert,[25] womit das politische Alleinbestimmungsrecht der kemalistischen CHP über den sunnitischen Islam durchbrochen wurde.[26]

Der folgende Aufsatz analysiert anhand verschiedener türkischer Tageszeitungen die Einstellung sowie Haltung der türkischen Presse vor und während des Koreakrieges. Bis zum Juni 1950 gab es keinerlei Beziehungen mit Süd- oder Nordkorea. Gleichzeitig teilte der aufkommende Antagonismus zwischen den USA und der Sowjetunion die Welt in zwei Blöcke. Ankara bemühte sich seit Kriegsende u. a. um eine Bündnispolitik mit Frankreich, Großbritannien, Italien

20 Zu den bisher untersuchten Dokumenten zählen: Group on the Near and Middle East, 1978–48, 20. 2. 1948. Records of the Council on Foreign Relations, Series 3, Seeley G. Mudd Library, Princeton University, Princeton, N.J. (CFR), Box 140, Folder 5; Group on the Moslem World, 1948–49, 24. 1. 1949. CFR, Box 141, Folder 6; Group on the Moslem World, 1948–49, 9. 5. 1949. CFR, Box 141, Folder 6; Group on the Political Implications of Economic Development, 1951–52, 5. 6. 1952. CFR, Box 149, Folder 2; Group on the Middle East and Modern Islam, 1958–59, 5. 11. 1958. CFR, Box 166, Folder 1.

21 Dankwart A. Rustow, „Turkey – Cornerstone of Western Defense in Near East", 15. 12. 1954. CFR, Box 157, Folder 5.

22 Ausführlicher dazu Wolfgang Altgeld/Rudolf Lill/Thomas Frenz, Kleine italienische Geschichte, Stuttgart 2004.

23 Dazu die Korrespondenz zwischen Truman und Taylor: Truman Papers, Harry S. Truman, White House Correspondence File Taylor to Truman, 21. 6. 1946, URL: https://www.trumanlibrary.org/hstpaper/psf.htm (abgerufen 28. 2. 2018).

24 George Q. Flynn, Roosevelt and romanism. Catholics and American diplomacy, 1937–1945 (Contributions in American history 47), Westport, Conn. 1976.

25 Dianne Kirby, Communism, Islam and US foreign policy in the early Cold War, in: Jahrbuch für Historische Kommunismusforschung 15 (2009) 22, 61–77.

26 Çiçek, Eine Politisierung der Religion von oben.

und den USA. Ihre politischen Anstrengungen waren aber nur begrenzt erfolgreich. Der Koreakrieg, so die These dieses Aufsatzes, bot der Türkei die einmalige Gelegenheit, die politischen Bedenken der Brüsseler Paktstaaten bzw. der NATO zu zerstreuen und in das Verteidigungsbündnis des kapitalistischen Westens aufgenommen zu werden.

Aufgrund verschiedener Schwierigkeiten seitens türkischer Behörden war es nur bedingt möglich, offizielle Dokumente aus dem „Başbakanlık Cumhuriyet Arşivi" (BCA/Staatsarchiv des Ministerpräsidenten) in die Untersuchung einzubauen. Deswegen wird das Thema anhand der damaligen Pressemitteilungen untersucht, ebenso werden Memoiren türkischer Außenminister oder Diplomaten in die Analyse integriert sowie türkische Literatur zum Thema herangezogen. Gleichzeitig muss festgehalten werden, dass die hier analysierten Tageszeitungen von wichtigen Mitgliedern der DP oder CHP sowie ehemaligen Ministern herausgegeben wurden. Daher wurden wichtige innen- oder außenpolitische Fragen auch offen in der Presse diskutiert. Das bedeutet nicht, dass die Tageszeitungen mit offiziellen Staatsdokumenten gleichgesetzt werden können, sondern vielmehr, dass es derzeit keine anderen Möglichkeiten gibt, dieses wichtige Thema des Kalten Krieges mit Blick auf die innertürkischen Entwicklungen adäquat zu analysieren. Auch die in drei Bänden publizierten Analysen des Politologen Oran zur türkischen Außenpolitik, die Eingang in diesen Aufsatz gefunden haben, können nicht mit offiziellen Dokumenten aufwarten. Auch er ist gezwungen, über die Presse oder Sekundärliteratur das facettenreiche Thema zu diskutieren und kritisch zu untersuchen. Ergänzend wurden amerikanische (FRUS) oder britische (FO) Dokumente für die Untersuchung ausgewertet.

II. Die türkische Presse und der Koreakrieg

Für die freie Welt zu kämpfen sei nicht nur notwendig, sondern, laut der damaligen türkischen Presse, ein Privileg. Auch die Zukunft der Türkei würde maßgeblich von den Ereignissen und Entwicklungen in Korea abhängen, so argumentierten zumindest die Herausgeber der führenden türkischen Tageszeitungen. Zu den wichtigsten gehörten damals ohne Zweifel die „Akşam", „Ulus", „Cumhuriyet", „Vatan", „Zaman", „Milliyet" und „Zafer". Fast alle Verleger, ohne sie hier komplett anzuführen, waren ehemalige und einflussreiche Politiker oder angesehene Akademiker der türkischen Republik. So war Necmettin Sadak, Herausgeber der „Akşam", von 1947 bis 1950 türkischer Außenminister. Nihat Erim, ein angesehener Professor für Recht und Verfassung, war für die „Ulus" verantwortlich. Sie alle wurden vor der Gründung der türkischen Republik geboren und durch die politischen Ideen der Jungtürken, Turanisten, Kemalisten oder türkisch-islamischer Nationalisten stark geprägt.[27]

Für die soeben genannten politischen Ideologien waren die politischen und gesellschaftlichen Erzfeinde der Türken u. a. innerhalb armenischer, slawischer, jüdischer oder kommunistischer Gruppen auszumachen. Nicht zuletzt deswegen versuchte die NSDAP zwischen 1938 und 1945, ihre Ideologie in der Türkei zu verbreiten und mit Hilfe gewisser türkischer Kreise Einfluss auf die Turkvölker Asiens zu nehmen.[28] Andererseits versuchten muslimische Nationalisten seit Mitte des 19. Jahrhunderts, vor allem aus dem Balkan[29] oder Russland[30], die Türken und Deutschen als „wesensgleich" zu bezeichnen und gegen den gemeinsamen slawischen Feind zu mobilisieren.[31] Russland nahm sowohl in der Geschichte der Osmanen ab dem 17. Jahrhundert als auch später gegenüber der Türkei stets die Rolle des Aggressors ein.[32]

Fast einstimmig war die türkische Presse während des Koreakrieges der Meinung, dass die kemalistische Republik, damals unter der Adnan Menderes[33]-Administration, ihren westlichen Bündnispartnern zur Seite stehen müsse.[34] Die türkische politische Elite in der Nachkriegszeit zeichnete sich vor allem dadurch aus, dass sie fast einstimmig für die Mitgliedschaft im westlichen Bündnissystem eintrat. Gleichzeitig wussten wahrscheinlich nur wenige Menschen in der Türkei, wo Korea lag oder welche Sprache dort gesprochen wurde. Aber nicht nur die Presse, auch die türkischen Regierungs- und Oppositionsparteien stimmten

27 Für die komplexe und facettenreiche Beziehung zwischen Islam, Osmanismus und türkischem Nationalismus vgl. Kemal H. Karpat, The politicization of Islam. Reconstructing identity, state, faith, and community in the late Ottoman state (Studies in Middle Eastern history), Oxford u. a. 2001; Tanıl Bora, Sol-sağ şemasında İslâmcılık: üçüncü yol, orta yol, milli sağ [Islamismus zwischen rechts und links: Der dritte Weg, der Weg der Mitte, die Nationale Rechte], in: İsmail Kara/Asım Öz (Hg.), Türkiye'de İslâmcılık düşüncesi ve hareketi. Sempozyum tebliğleri [Islamismus in der Türkei] (Zeytinburnu Belediyesi kültür yayınları 31), İstanbul 2013, 514–537.

28 Jacob M. Landau, Pan-Turkism. From irredentism to cooperation, Bloomington ²1995.

29 Ugur Ümit Üngör, The making of modern Turkey. Nation and state in Eastern Anatolia, 1913–1950, Oxford u. a. 2012.

30 Hüseyin I. Çiçek, Unentdeckte Dichotomien in den Schriften Ismail Bey Gaspiralis, in: begutachtet.at (2017), 1–17, urn:nbn:at:at-ubl:3-44.

31 Jacob M. Landau, Atatürk and the modernization of Turkey (A Westview replica edition), Leiden/NL 1984.

32 Vgl. die ausgezeichnete und voluminöse Studie von Akdes Nimet Kurat, Türkiye ve Rusya. XVIII. yüzyil sonundan Kurtuluş Savaşina kadar Türk-Rus ilişkileri (1798–1919) [Die Türkei und Russland. Vom 18. Jahrhundert bis zum türkischen Unabhängigkeitskrieg], Ankara 2011.

33 Menderes Çinar/Ipek Gencel Sezgin, Islamist Political Engagement in the Early Years of Multi-party Politics in Turkey. 1945–60, in: Turkish Studies 14 (2013) 2, 329–345; Tanıl Bora, Adnan Menderes, in: Türkiye'nin 1950'li yılları, İstanbul 2015, 331–347; İbrahim Sertkaya, Demokrasi şehidi Adnan Menderes, İstanbul 2007.

34 Oran (Hg.), Türk Dış Politikasi, 496.

einer Teilnahme türkischer Truppen im bevorstehenden Krieg einstimmig zu. Am 18. Juli 1950 wurde diese in Yalova, einem Urlaubsort in der Türkei, beschlossen. Es muss aber erwähnt werden, dass die CHP der DP vorwarf, dass die Teilnahme der Türkei am Koreakrieg mit der Verfassung nicht vereinbar sei. Tatsächlich war eine Beteiligung türkischer Truppen in bewaffneten Auseinandersetzungen laut Artikel 24 der 1924 eingeführten Verfassung von der Zustimmung der „Türkiye Büyük Millet Meclisi" [„Große Nationalversammlung]" abhängig. Die DP traf ihre Entscheidung jedoch ohne parlamentarische Genehmigung. Besonders begrüßt wurde die Entscheidung innerhalb des Militärs, zumal man dort den Koreakrieg als eine einzigartige historische Chance wahrnahm und als Gelegenheit, die zukünftigen kapitalistischen Verbündeten von der Zuverlässigkeit Ankaras im Kampf gegen den Kommunismus zu überzeugen.[35] Menderes stand im regen Kontakt mit dem Militär und hatte somit einen wichtigen und einflussreichen Unterstützer für seine Entscheidung.[36] Die „Ulus" reagierte zwar mit einem kritischen Artikel auf diese Vorgehensweise, signalisierte jedoch dennoch ihre Zustimmung.[37]

Wenn Politiker der republikanischen CHP die Menderes-Regierung des Verfassungsbruchs beschuldigten, so war dies ein Versuch, das Ansehen der DP zu schädigen. Letztere regierte von 1950 bis 1960 allein und konnte erst durch einen Militärputsch abgesetzt werden. Davor hatte die CHP von 1923 bis 1950 uneingeschränkt regiert und nur das Aufkommen der bipolaren Welt bzw. die türkische Entscheidung, auf Seiten der USA am Kalten Krieg teilzunehmen und eine demokratische Transformation zu realisieren, konnte ihr die Macht entreißen. Diese Entwicklung konnte von der CHP nicht verhindert werden und war auch von ihr selbst verschuldet worden. Nachdem die Zustimmung der türkischen Bevölkerung zur Teilnahme am Krieg immer größer wurde, bemühte sich Oppositionschef Ismet Inönü[38] um Schadensbegrenzung und erklärte öffentlich am 26. Oktober 1951 auf der vierten Seite der „Cumhuriyet", „[...] in Fragen der Außenpolitik gibt es keine grundsätzlichen oder prinzipiellen Meinungsverschiedenheiten in unserem Land". Auch untermauerte Inönü im genannten Artikel, dass die Türkei ihre Verpflichtungen gegenüber ihren Verbündeten und den Idealen der UNO nachkommen und an der Freundschaft (dostluk) mit den USA festhalten werde.[39]

---

35 FRUS, 1950. The Near East, South Asia, and Africa, vol. V, hg. v. United States Department of State, Washington, D.C. 1978, 1282.

36 Dazu ausführlicher Ekavi Athanassopoulou, Turkey-Anglo-American Security Interests, 1945–1952. The First Enlargement of NATO, Hoboken 2013.

37 Ulus, 16. 7. 1950.

38 Klaus Kreiser/Christoph K. Neumann, Kleine Geschichte der Türkei, Stuttgart ^{2}2008.

39 Eine englische Übersetzung des Zitats findet sich in: Çağrı Erhan, Relations with the USA and NATO, in: Baskın Oran (Hg.), Turkish foreign policy, 1919–2006. Facts and analyses with

26

Hürriyet

La Familia

ore'ye silâhlı kuvvetler gönderiyoruz

Dün Ankara'da Bayar'ın riyasetinde toplanan Bakanlar Kurulu, Birleşmiş Milletler emrine 4500 mevcutlu bir savaş birliği verilmesine karar verdi

Abb. 2: Wir senden unsere Streitkräfte nach Korea, „Hürriyet", 25. 9. 1950.

Die Entscheidung, auf amerikanischer Seite am Kalten Krieg zu partizipieren, forderte u. a. massive politische, wirtschaftliche und gesellschaftliche Veränderungen von der kemalistischen Republik. Dies betraf vor allem die Transformation von einem Einparteien- zu einem Mehrparteiensystem und damit verbunden natürlich eine Stärkung demokratischer Institutionen sowie einer demokratischen Kultur, die innerhalb der Regierungszeit Mustafa Kemal Atatürks oder Ismet Inönüs nur eingeschränkt bestanden hatte.[40] Beide regierten die Türkei mit eiserner Hand. Oppositionsparteien wurden, sofern sie die CHP ernsthaft in Bedrängnis brachten, verboten bzw. in ihrer Arbeit beschnitten.[41] Gleichzeitig muss erwähnt werden, dass zwischen 1923 und 1945 nur zweimal der Versuch unternommen worden war, das politische System in ein Mehrparteiensystem zu transformieren.[42] Der sich abzeichnende Machtverlust der CHP und deren Machterhaltungswille sorgten für ein frühzeitiges Ende solcher Bestrebungen bis zum Aufkommen der bipolaren Welt.[43]

Somit waren die Beteiligung am Kalten Krieg und die von US-Seite geforderte Öffnung des politischen Systems der Türkei nur bedingt im Interesse der CHP. Gleichzeitig konnte sie sich nur in einem geringen Maße gegen die weltpoliti-

documents (Utah series and Turkish and Islamic studies), Salt Lake City 2010, 311–341, hier 326.

40 Unmittelbar nach ihrer Gründung orientierte sich die türkische Republik (1923) bspw. am schweizerischen Zivilcode, führte das Frauenwahlrecht etc. ein und versuchte dadurch, eine demokratische Entwicklung zu gewährleisten; ausführlicher Udo Steinbach, Die Türkei im 20. Jahrhundert. Schwieriger Partner Europas, Bergisch-Gladbach 1996; Udo Steinbach, Geschichte der Türkei, München ^{4}2007.

41 Erik-Jan Zurcher, The Turkish Perception of Europe. Example and Enemy, URL: https://docs.google.com/file/d/0B89DPCV_AgmMNFhGRTgwaURyNWM/edit (abgerufen 23. 5. 2018); auch Kemal H. Karpat, Turkey's Politics: The Transition to Multi-Party System, Princeton 1959.

42 Erik-Jan Zurcher, Turning Points and Missed Oppurtunities in the Modern History of Turkey. Where could things have gone differently?, URL: https://docs.google.com/file/d/0B89DPCV_AgmMOFQyRlFwdnZtcmM/edit (abgerufen 23. 5. 2018).

43 Ebd., auch Rainer Pöschl, Vom Neutralismus zur Blockpolitik. Hintergründe der Wende in der türkischen Außenpolitik nach Kemal Atatürk, München 1985.

schen Entwicklungen wehren, zumal Teile der CHP und der türkischen Eliten während des Zweiten Weltkrieges Nazi-Deutschland offen unterstützt hatten und somit gegen Ende des Krieges, vor allem ab der bevorstehenden militärischen Niederlage Deutschlands, mit einer politischen Spurenverwischung beschäftigt waren.[44] Der Kriegseintritt bzw. die Kriegserklärung an Nazi-Deutschland (1945) kann deswegen nur als opportunistischer Selbstschutz interpretiert werden.[45] Die Beteiligung der Türkei am Koreakrieg war somit auch eine Art politischer „Sühne-Akt", damit ihr die Unterstützung Nazi-Deutschlands von den Alliierten nicht zur Last gelegt werden konnte.[46] Hinzu kam, dass viele westeuropäische Staaten, etwa Großbritannien und Norwegen, nur bedingt für eine Aufnahme der Türkei in das westliche Bündnissystem waren. Im November 1948 und August 1950 suchte Ankara offiziell um Aufnahme in die NATO an, beide Anträge wurden jedoch abgelehnt.[47] Während sich antikommunistische Kräfte innerhalb der DP oder CHP gegen den Einfluss der Sowjetunion mit Bündnissystemen zu wehren versuchten, waren andere Teile beider Parteien der Meinung, dass nur eine Bindung an die NATO und somit an die USA der Türkei die notwendige Sicherheit garantieren und die erforderliche Demokratisierung herbeiführen würde.[48] Genauso wie in den 2000er-Jahren mit Blick auf einen möglichen EU-Beitritt waren Teile der türkischen Bevölkerung in den 1950er-Jahren der Überzeugung, dass nur eine Vernetzung mit dem Westen ihre Demokratie stärken würde.[49]

Aus den Memoiren George F. Kennans wird ersichtlich, dass die Haltung der USA auch nicht eindeutig für eine politische Inklusion der Türkei war. Vielmehr wurden die Amerikaner bzw. die Supermächte des Kalten Krieges von den weltpolitischen Ereignissen überrollt und sahen sich mit Herausforderungen konfrontiert, die sie schnell bewältigen mussten.[50] „It is not our policy to encourage the adherence to it of any country not properly a part of the North Atlantic area. […] It was true that the regimes in Greece and Turkey were anticommunist. But to make that, and that alone, a criterion for admission to the pact

44 Zur türkischen Außenpolitik gegenüber Deutschland während des Zweiten Weltkrieges: Önder, Die türkische Außenpolitik im Zweiten Weltkrieg.

45 Für die Beziehungen zwischen Nazi-Deutschland und türkischen Politikern von 1933 bis 1945 siehe Johannes Glasneck, Methoden der deutschfaschistischen Propagandatätigkeit in der Türkei vor und während des Zweiten Weltkrieges, Diss. Universität Halle-Wittenberg 1966.

46 Ausführlicher dazu Pöschl, Vom Neutralismus zur Blockpolitik.

47 Oran (Hg.), Türk Dış Politikasi, 496.

48 Şaban H. Çalış, Turkey's Cold War. Foreign policy and western alignment in the modern republic (Contemporary Turkey 2), London 2017, 71–87.

49 Ausführlicher ebd. sowie 497.

50 Melvyn P. Leffler, A preponderance of power. National security, the Truman administration, and the cold war (Stanford nuclear age series), Stanford 1992.

seemed to me a dangerous precedent."[51] Für Kennan war eine antikommunistische Einstellung nur ein Faktor von geringer Bedeutung, um die Unterstützung der USA zu gewinnen. Richtigerweise betonte er dagegen viel mehr, dass die antikommunistische Haltung auch eine Gefahr für die USA beinhalten konnte.

Viel deutlicher als Kennan brachte der amerikanische Generalstabschef Omar Bradley die geopolitischen Herausforderungen auf den Punkt. Im „Reader's Digest" vom Oktober 1950 warnte er die amerikanische Politik mit deutlichen Worten, dass die Türkei oder asiatische Staaten im Dunstkreis des Kalten Krieges leicht zu Schauplätzen von „local wars" werden könnten. Die USA sollten deswegen vorsichtig agieren und sich nicht zu politischen Abenteuern hinreißen lassen. Auch aufgrund militär- und geostrategischer Überlegungen dürften die USA ihre Kapazitäten nicht überfordern.[52] Bradleys Artikel wurde von der „Cumhuriyet" aufgenommen und heftig kritisiert.[53] Die Tageszeitung forderte auch den U.S. Secretary of State Dean Acheson auf, Stellung zu diesen Aussagen zu nehmen. Sie interpretierte Bradleys Äußerungen als eine Aufforderung an das Weiße Haus, sich von der Türkei zu distanzieren, um im Falle einer kommunistischen Invasion nicht in einen bewaffneten Konflikt hineingezogen zu werden. Am 16. November 1950 nahm ein Sprecher des Generals in „Zafer" Stellung: Die Aussagen von Bradley seien aus dem Kontext gerissen worden. Die USA würden nicht einfach nur zusehen, falls die Türkei von Kommunisten überfallen werden würde. Was die Vereinigten Staaten aber in einem solchen Fall zu unternehmen planten, führte der Artikel nicht aus.[54]

Andererseits war die antikommunistische Einstellung von John Foster Dulles, um nur ein Beispiel anzuführen, innerhalb türkischer Regierungskreise bekannt und Menderes unternahm alles politisch Mögliche, um die türkischen Ressentiments gegenüber der UdSSR gewinnbringend für die türkische Außen- und Bündnispolitik zu nutzen. Ebenso gilt zu beachten, dass die Menderes-Administration erst fast genau vierzig Tage vor dem Ausbruch des Koreakrieges an die Macht gelangt war und sich seither gegen die kemalistische CHP durchsetzen musste. Letztere hatte die Türkei mehr als 27 Jahre allein regiert. Zugleich hatten weder Menderes noch seine Minister Regierungserfahrung und mussten somit die Bevölkerung rasch überzeugen. Gesteigertes Ansehen in den USA bzw. seitens amerikanischer Politiker war ein gutes Argument, um die Stimmung in der Türkei für sich zu beeinflussen. Vor allem Aussagen wie die des amerikanischen Senators Harry Pulliam Cain in der Tageszeitung „Akşam" führten zu einem Vertrauenszuwachs in der türkischen Bevölkerung gegenüber der DP: „Turkey's

51 George F. Kennan, Memoirs 1925–1950, New York, NY 1967, 411.
52 General Omar Bradley, U.S. Military Policy, Reader's Digest, Oktober 1950, 143–155.
53 Cumhuriyet, 11. 11. 1950.
54 Zafer, 11. 11. 1950.

help to Korea will improve Turkey's honor in the world and would provide its acceptance in the Atlantic Pact".[55] Zu Recht führt Oran aus, dass es der geschickten und opportunistischen Politik der Menderes-Regierung zu verdanken war, dass die Türkei in die NATO aufgenommen wurde. Ihre antikommunistische Haltung änderte sich dann ab 1953 entscheidend, als die Sowjetunion Beziehungen zu ihr aufnehmen wollte.[56]

Zusätzlich müssen wir uns die Entwicklungen zwischen dem Ende des Zweiten Weltkrieges und dem Beginn des Koreakrieges vor Augen halten, um zu verstehen, weshalb die feindliche Einstellung gewisser türkischer Eliten gegenüber der Sowjetunion bzw. dem Kommunismus in die NATO-Aufnahme mündete. Maos erfolgreicher Krieg gegen die nationalistischen chinesischen Gruppen, der griechische Bürgerkrieg, sowjetische Interessen im Nahen Osten, der kommunistische Sieg in der Tschechoslowakei oder die deutsche Frage, um nur einige Brennpunkte zu erwähnen, sorgten für eine politische Verhärtung der amerikanisch-sowjetischen Beziehungen und bewegten die Truman-Administration u. a. zur Entwicklung der Containment-Doktrin. Dies führte u. a. dazu, dass Staaten mit einer antikommunistischen Politik von den USA unterstützt wurden, um die Einflusssphäre der Sowjetunion einzugrenzen.[57]

Am 18. September 1950, wenige Tage bevor die türkische Brigade zu ihrem Ziel in Korea aufbrechen sollte, besuchte der Premierminister Menderes die türkischen Truppen. Von Ankara oder anderen Teilen der Türkei wurden die Streitkräfte mit der Bahn zum Hafen von Iskenderun transportiert. Fast an allen Bahnhöfen, an denen die mit Soldaten gefüllten Züge vorbeifuhren, warteten große Menschenmengen und jubelten ihnen zu. Vom legendären Befehlshaber der UN-Truppen Douglas MacArthur erhielt die Einheit den Codenamen „Kutup Yıldızı/North Star". Über den Suezkanal erreichten die türkischen Streitkräfte am 21. September den koreanischen Hafen Busan. Die Tageszeitung „Akşam" und auch andere dokumentierten die Reise.

Zwischen dem 26. und dem 30. November 1950 mussten die türkischen Streitkräfte zum ersten Mal aktiv in die Kämpfe eingreifen. In der Schlacht von Wawon bzw. Kunuri (türkisch) war es vor allem dem Einsatz und Verdienst der anatolischen Soldaten zu verdanken, dass chinesische Einheiten die alliierten Frontlinien nicht ungehindert überrennen konnten. Gleichzeitig ermöglichten die Türken der achten amerikanischen Brigade einen sicheren Rückzug aus der Kampfregion. Der Befehlshaber der amerikanischen Soldaten General Walton Walker hielt nachdrücklich fest:

55 Zit. n. Akşam, 10.7.1950, 1.

56 Oran (Hg.), Türk Dış Politikasi, 497–498.

57 Bruce R. Kuniholm, The origins of the Cold War in the Near East. Great power conflict and diplomacy in Iran, Turkey, and Greece, Princeton, N.J. 1994.

AKŞAM

AKŞAM'ın KÜÇÜK İLANLARI BUGÜN 6INCI SAYFADA

AKŞAM Hergün 8 Sahife

Koreye giden birliğimiz Süveyş kanalından geçti

Tugay, 3 büyük vapurla gitmekte. Amerikan muhripleri de kendisine refakat etmektedir

Abb. 3: Unsere Truppen haben den Suezkanal passiert, „Akşam", 29.9.1950.

> „Eğer sizin düşmanı durdurmak için kahramanca çarpışmanız ve mukavemetiniz olmasıydı ordum kuşatılarak çok zor duruma düşecek, belki de ımha edilecekti"/„Wenn nicht ihr [die türkischen Truppen] den feindlichen Streitkräften heldenhaft entgegengetreten wärt und Widerstand geleistet hättet, wären meine Truppen eingekesselt worden und hätten sich somit in einer sehr schwierigen Lage wiedergefunden, möglicherweise wären sie vernichtet worden."[58]

Auch MacArthur, der dem amerikanischen Präsidenten versichert hatte, dass der Einsatz chinesischer Truppen nicht wesentlich ins Gewicht falle und der Krieg in wenigen Wochen mit einem Sieg enden würde[59], nahm die Gelegenheit wahr, um die Taten der „Kutup Yıldızı" zu loben:

---

58 Zit. n. Nazim Dündar Sayilan, Kore Harbinin Kaderini Dört Kez Değiştiren Tugay, Birinci Kunuri Savaşı. [Die Brigade, die den Verlauf des Koreakrieges viermal veränderte. Die erste Schlacht von Kunuri], in: Dz. K. D ergisi [Magazin der Kriegsflotte] 57 (1999), 30–40, hier 36.

59 Für eine detaillierte Analyse der Rolle MacArthurs im Koreakrieg siehe Rolf Steininger, Der vergessene Krieg. Korea 1950–1953, München 2006, 173–181.

„Sizleri görmekten memnunum, Japonya da siz Türklere hep kahraman diyorlar. Kunuri'de 8. orduyu kurtaran Komyongjangni'de düşman mağlup ve perişan eden Türkler kahramanlar kahramanıdır, Türk Tugayı için yok yoktur."/„Ich freue mich sehr über eure Präsenz, in Japan bezeichnen sie euch immer als Helden. In Kunuri habt ihr die achte amerikanische Armee gerettet und in Komyongjangni habt ihr dem Feind eine Niederlage zugefügt und ihn zur Verzweiflung gebracht. Nichts ist unmöglich für die türkische Brigade."[60]

Mehr als dreißig Prozent der türkischen Soldaten erlitten schwere Verletzungen oder wurden getötet. Außenminister Fuad Köprülü erläuterte dem amerikanischen Botschafter George Wadsworth, dass diese hohe Opferzahl kein Anlass zur Sorge oder für Bedauern sei. Vielmehr zeige die Kampfbereitschaft der Türken, dass sie bereit seien, für ihre Ideale bzw. Ziele bis zum Äußersten zu gehen. Die Welt sei seit dem Zweiten Weltkrieg der Meinung gewesen, so Köprülü weiter, dass die Kampfkraft der türkischen Soldaten niedrig anzusetzen sei. Die Ereignisse in Korea führten der Welt nun aber vor Augen, dass die bewaffneten Streitkräfte der Türkei sehr wohl einsatzbereit seien und dies auch weiterhin bleiben würden.[61]

Auch die militärische Führung war – wie in der Einleitung bereits angesprochen – noch vor Beginn der Kampfhandlungen der Meinung, dass der Koreakrieg für die Türkei eine einmalige Chance sei, die unbedingt genutzt werden müsse. In einer informellen Stellungnahme hielt Generalmajor Yusuf Eğeli gegenüber General Nuri Yamut fest, „it will be [the] greatest crime in Turkish history if we fail [to] take advantage [of] this opportunity".[62] Anfang der 1950er-Jahre waren sich amerikanische und britische Diplomaten sowie Militärexperten allerdings darin einig, dass die türkischen Streitkräfte keineswegs für einen modernen Krieg ausgerüstet waren. Aus verschiedenen Berichten ging hervor, dass die Infanterie, Luftwaffe sowie Marine wenig oder nicht ausreichend über moderne Waffentechnologien verfügte. Dem Foreign Office lagen Berichte vor, wonach die türkische Armee trotz intensiver Aufrüstung erst 1957 in der Lage sein werde, an einem modernen Krieg teilzunehmen.[63] Solche westlichen Einschätzungen waren den türkischen Politikern und Militärs bekannt und führten wahrscheinlich zu großem Unbehagen. Die Aussage Köprülüs sowie die der beiden Generäle werden mit Blick auf dieses negative Image etwas klarer. Die Türkei war nicht nur gewillt, auf Seiten der UN-Truppen in den Krieg zu ziehen,

60 Zit. n. Sayilan, Kore Harbinin Kaderini Dört Kez Değiştiren Tugay, 38.
61 Time Magazine, 15. 10. 1951, 32.
62 FRUS, 1950. The Near East, South Asia, and Africa, vol. V, 1282.
63 Noel Charles and Foreign Office, 4. 4. 1950. The National Archives, Public Record Office, FO 371/87975 RK1192/7; auch Athanassopoulou, Turkey-Anglo-American Security Interests, 152–153.

sondern auch um jeden Preis die militärische Auseinandersetzung für die NATO zu gewinnen, selbst ohne notwendige militärische Technologie und Ausrüstung.

Noch vor der Entsendung der türkischen Brigade unternahmen türkische Politiker sowie Zeitungen eine großangelegte Kampagne, um die Beteiligung der türkischen Streitkräfte im Koreakrieg als eine Notwendigkeit darzustellen. Interessanterweise griffen türkische Politiker sowie die Presse auch immer wieder auf die Wortwahl des US-Außenministers Acheson oder anderer amerikanischer Politiker zurück, um die Wichtigkeit der Verteidigung des westlichen Blocks mit Nachdruck aufzuzeigen.[64] Nur wenige Jahre zuvor hatte die türkische Presse Nazi-Deutschland sowie einen rassistischen und chauvinistischen Nationalismus propagiert, nun – während der Koreakrise – konnte sie die Notwendigkeit, für eine freie Welt zu kämpfen, nicht oft genug erwähnen.[65] Ebenso wurde dadurch eine emotionale Bindung der türkischen Bevölkerung an die Freund-Feind-Rhetorik des Kalten Krieges etabliert. Die NATO als Verteidigerin des kapitalistischen Westens müsse unterstützt werden, der türkische Beitritt sei somit eine Pflicht. Der amerikanische Türkei-Korrespondent des „Time Magazine", Jim Bell, fasste die Ausgangslage der Türkei nach dem Zweiten Weltkrieg wie folgt zusammen: „Turkey emerged from the World War II lonely and friendless. It had played the hard-to-get neutral, declaring war on Nazi Germany only at the last moment, in February 1945, in time to qualify for U.N. membership. It was cut from the Balkans and the Arab World too, and isolated from Islam. No one loved Turks. The Turks loved no one."[66] Tatsächlich reagierten die Krieg führenden Staaten im Koreakrieg auf die Opferbereitschaft der türkischen Truppen. Gleichzeitig hatte die Bereitschaft der türkischen Armee, während des Koreakrieges „bis zum letzten Mann" zu kämpfen, eine wichtige politische Vorgeschichte.

Bereits fünf Tage nach dem Überfall der nordkoreanischen Armee hielt Mümtaz Faik Fenik, ein starker Befürworter des NATO-Beitritts der Türkei und Redakteur der Tageszeitung „Zafer", in einem Leitartikel am 30. Juli 1950 fest, dass die Entscheidung der Türkei, Truppen nach Korea zu entsenden, sicherlich zu einer positiveren Haltung gegenüber Ankaras Wunsch, der NATO beizutreten, führen werde. Unmittelbar nach Abschluss des Brüsseler Pakts am 17. März 1948

64 Bezüglich der Aussagen verschiedener damaliger führender amerikanischer Politiker siehe die ausgezeichnete Studie von Steininger, Der vergessene Krieg.

65 Für die ambivalente Haltung der türkischen Presse, Politik sowie Kulturpolitik vor und während des Zweiten Weltkrieges Örnek, Türkiye'nin soğuk savaş düşünce hayatı; ebenso Önder, Die türkische Außenpolitik im Zweiten Weltkrieg. Kader Konuk, East-West mimesis Auerbach in Turkey, Stanford, CA 2010; Soner Çağaptay, Islam, secularism, and nationalism in modern Turkey. Who is a Turk?, London, New York 2006; Üngör, The making of modern Turkey.

66 Time Magazine, 15. 10. 1951, 32.

erwartete die Türkei von deren Gründerstaaten, als Mitglied aufgenommen zu werden. Diese Hoffnung gründete sich auf ihre antikommunistische Haltung und ihre immer wichtiger werdende strategische Lage. Großbritannien, Frankreich, Belgien, die Niederlande und Luxemburg zeigten jedoch wenig bis kein Interesse an der Türkei. Die Hoffnungen Ankaras auf eine Aufnahme vergrößerten sich aber wieder, als bekannt wurde, dass die USA und Kanada dem Pakt beitreten wollten. Diese Erwartungen an eine amerikanische Beteiligung am Brüsseler Pakt hingen maßgeblich damit zusammen, dass die Beziehungen zwischen den USA und der Türkei seit 1945 enger geworden waren. Premierminister Hasan Saka (CHP/1947–1949) hob die besondere Allianz zwischen Washington und Ankara hervor, etwa im Juni 1948 in der Zeitung „Ayin Tarihi“: „Die Türkei ist nicht nur ein Verbündeter, sie ist ein ganz besonderer Verbündeter der Vereinigten Staaten.“ Sakas enthusiastische Betonung der Beziehungen zeigt, dass die Türkei keine politischen Mühen scheute, um die ihrem NATO-Beitrittswunsch eher zustimmend eingestellten Länder gewogen zu halten. Im Februar 1949, während des OEEC-Treffens, schlug Außenminister Necmettin Sadak (1947–1950) vor, falls der Türkei ein Beitritt in die NATO verwehrt bleiben sollte, einen Mittelmeerpakt zwischen ihr, Großbritannien, Griechenland, Frankreich und Italien zu schließen. Am 11. Mai 1950 stellte die türkische Regierung unter der Führung von Şemsemettin Günaltay (1949–1950) offiziell einen Beitrittsantrag, der aber abgelehnt wurde. Bis zu diesem Zeitpunkt wusste niemand, dass sich die Ausgangslage ab dem 25. Juni gravierend ändern sollte.

Keineswegs war es den türkischen Medien entgangen, dass die europäischen Staaten des Brüsseler Pakts bzw. des Nordatlantikpakts einem NATO-Beitritt der Türkei kritisch bis ablehnend gegenüberstanden. Den Ausbruch des Koreakrieges erkannten sie ebenso wie die türkische Politik als plötzliche Chance für eine Aufnahme. Dies wird beispielsweise im Artikel von Abidin Daver vom 15. Juli sehr deutlich, der für die „Cumhuriyet“ tätig war und seine Leser explizit darauf aufmerksam machte, dass es aus seiner Sicht keine Alternative zu einem Beitritt gab. Er begründete seine Meinung u. a. damit, dass der Einsatz türkischer Soldaten in Korea in Wirklichkeit der Sicherung der eigenen Grenzen diente. Materielle oder symbolische Unterstützung hielt er für nicht ausreichend. Die Türken müssten sich der harten Realität stellen, dass sie in Zukunft genauso zum Opfer eines Angriffs werden könnten und dann ebenso darauf vertrauen müssten, dass die UNO ihnen militärisch rasch zu Hilfe eile. Deswegen wäre der Einsatz türkischer Truppen in Korea eine effektivere Art der Politik, weil er mit Blick auf die Zukunft Ankaras den Beistand westlicher Staaten sicherstellen würde.[67]

67 Cumhuriyet, 15. 7. 1950, 1 (Editorial).

Bereits eine Woche nach der Bekanntgabe, dass Ankara Streitkräfte nach Korea senden würde, suchte die DP-geführte Regierung erneut um eine Aufnahme in die NATO an. Der US-Botschafter in Ankara George Wadsworth wurde vom State Department explizit angewiesen, die Menderes-Administration von der Überzeugung abzubringen, dass die türkische Teilnahme am Koreakrieg einen Beitritt in den Nordatlantikpakt erleichtern könnte.[68] Wadsworth berichtete Dean Acheson jedoch, dass Menderes davon ausgehe, dass die aktuellen Ereignisse in Korea die NATO-Mitgliedstaaten dazu zwingen werde, den Beitritt der Türkei neu zu überdenken.[69] Fuat Köprülü erklärte der „New York Times" gegenüber, dass die türkische Bevölkerung fest damit rechne, in das Verteidigungsbündnis aufgenommen zu werden.[70] Abgesehen von der „Akşam" war sich die türkische Presse einig, dass die internationalen Herausforderungen den Beitritt der Türkei nur fördern würden. Ziel der türkischen Politik und Presse war es, vor allem die USA davon zu überzeugen, dass es für die türkische Sicherheitspolitik von existentieller Notwendigkeit sei, mit Washington gemeinsam in einem Bündnissystem zu sein. Dies betonte man aus der Einschätzung heraus, dass weder Italien und Frankreich noch Großbritannien nach 1945 in der Lage waren, das europäische Festland gegen die kommunistische Bedrohung zu verteidigen. Mit Beginn der Koreakrise trug die Menderes-Administration Konflikte im Zusammenhang mit einem effizienten europäischen Verteidigungsbündnis sowie der Aufnahme Ankaras in die NATO in der Öffentlichkeit aus.[71]

Sadak äußerte sich in „Akşam" kritisch gegenüber der Regierung und ihren Plänen, Streitkräfte nach Korea zu entsenden. Der ehemalige Außenminister machte seinen Standpunkt deutlich, dass die türkische Teilnahme am Koreakrieg keineswegs, wie von Daver behauptet, einen positiven Einfluss auf die zukünftige Sicherheitspolitik der Türkei haben würde. Es gebe auch in diesem Fall keine Garantie für eine militärische Intervention der UNO, falls die Türkei angegriffen oder besetzt werden sollte. Ebenso verwies er darauf, dass sich Ankara keineswegs in der Lage befinde, Männer und Material zur Verfügung zu stellen. Dies wäre unvernünftig, weil es damit die eigene Sicherheit gefährde. Sadak ging so weit zu behaupten, dass niemand der Türkei zu Hilfe kommen würde, und an dieser Tatsache würde auch ein „Abenteuer" in Korea nichts ändern.[72] Der ehemalige Außenminister wollte mit seinem Artikel vor allem davor warnen, dass Ankara ohne wirkliche internationale Absicherung seinen sowjetischen Nachbarstaat provozierte. Dies geschehe aber nun, weil die neue Regierung

68 Athanassopoulou, Turkey-Anglo-American Security Interests, 1945–1952, 165.
69 Ebd.
70 New York Times, 1. 8. 1950.
71 Ebd.
72 Akşam, 16.7.1950.

Abb. 4: Oben ein türkischer Soldat, der sich von seiner Familie verabschiedet. In der Mitte türkische Soldaten, Unteroffiziere sowie Offiziere beim gemeinsamen Gebet. Unten posieren türkische Soldaten für ein gemeinsames Erinnerungsbild, „Akşam", 29. 9. 1950.

wenig Erfahrung auf dem Parkett der internationalen Beziehungen habe. Sadaks Kritik war wohlbegründet, vor allem gegenüber der ausländischen Presse äußerte sich Menderes nämlich politisch ungehemmt und ohne die Folgen für die sowjetisch-türkischen Beziehungen abzuwägen.[73]

Eine ganz andere Position nahm Nihat Erim ein. Obwohl dieser die Entscheidung, türkische Truppen nach Korea zu entsenden, als verfassungswidrig einstufte, setzte sich der „Ulus"-Journalist grundsätzlich für eine Beteiligung der

73 Athanassopoulou, Turkey-Anglo-American Security Interests, 161–162.

Türkei im Koreakrieg ein.[74] Erim betonte vor allem, dass Regierung und Opposition in Fragen der Außenpolitik eine gemeinsame Strategie haben sollten. Ein Einsatz der türkischen Brigade sei angesichts der internationalen Ereignisse notwendig. Alle politische Aufmerksamkeit müsse den Entwicklungen in Asien gewidmet werden. Er machte in seinen Artikeln mehrmals deutlich, dass er keine Zweifel am Patriotismus der Menderes-Administration oder der Inönü-Opposition hege, vielmehr müssten, laut dem „Ulus“-Journalisten, alle Parteien in der Türkei innenpolitische Querelen zurückstellen und sich gemeinsam auf die internationalen Herausforderungen fokussieren. Letztere würden die Sicherheit und Existenz der Türkei gefährden. Die Türkei, so Erim weiter, müsse ihre Allianz mit dem Westen ausbauen und vertiefen.[75]

III. Zusammenfassung

Die Welt habe die Aufnahme der Türkei und Griechenlands in die NATO mit Freude vernommen, berichtet „Gece Postası“ am 18. Februar 1952 auf ihrer Titelseite. Tatsächlich war es das Zusammenspiel vieler vorhersehbarer und unvorhersehbarer innen- sowie außenpolitischer Faktoren, die zum NATO-Beitritt der Türkei geführt hatten. Absehbar war, dass die ideologischen Differenzen zwischen den USA und der UdSSR, die entstandenen und im Entstehen begriffenen Antagonismen für eine unbestimmbare Zeit die Weltpolitik dominieren würden, ebenso natürlich die geopolitische und Expansionspolitik der beiden Mächte, um die Einflusssphäre ihres Gegners einzuschränken. Beide Supermächte suchten nach Mitteln, um ihren Einflussbereich auszubauen und waren dabei auf Allianzen angewiesen. Die strategische Rolle und Bedeutung Ankaras entging Washington nicht. Umgekehrt wurde die immer wichtiger werdende politische und wirtschaftliche Rolle der USA von der Türkei richtig eingeschätzt. Deswegen bewegten sich beide Länder, trotz kritischer Stimmen, aufeinander zu. Die ablehnende Haltung Großbritanniens, Frankreichs, Norwegens und Dänemarks gegenüber einem türkischen Beitritt in das Militärbündnis führte zu einem großen Unbehagen in Ankara. Washington bot sich als einziger Partner an, der die genannten Länder umstimmen konnte, was dann auch tatsächlich geschah. Regionale Konflikte, wie etwa der griechische Bürgerkrieg, wurden in Washington mit großer politischer Sorge verfolgt. Der Ausweitung des Kommunismus musste aus seiner Sicht Einhalt geboten werden. Der rasche und unbürokratische Beschluss Ankaras, Truppen nach Korea zu entsenden, war sicherlich ein Wendepunkt in den türkisch-amerikanischen

74 Für die kritischen Anmerkungen Ulus, 29.7.1950.
75 Ebd., 20.7.1950, 3.

Beziehungen, vor allem auch die Opferbereitschaft der bewaffneten türkischen Streitkräfte. Die Profilierung der DP gegenüber der CHP kam dabei noch hinzu. Wie die genannten Punkte zeigen, konnten gewisse politische Entwicklungen von der damaligen türkischen Politik vorsichtig vorausgesehen bzw. geahnt werden und es wurden Schritte unternommen, um bestmöglich davon zu profitieren.

Unkalkulierbare Faktoren, vor allem im Bereich der internationalen Beziehungen, führten schlussendlich ebenso zu einer Stärkung der türkischen Position. Der Ausbruch des Koreakrieges bzw. die Ausbreitung des Kommunismus in Asien oder im Nahen Osten sorgten dafür, dass die Außenpolitik der USA durchaus gewillt war, neue Verbündete im Kampf gegen Moskau zu gewinnen und diese in bestehende Militärbündnisse zu integrieren. Vor allem, wie das Beispiel MacArthur zeigt, und Rolf Steininger mit Nachdruck festhält, wurde Washington von den Entwicklungen im Kalten Krieg überrascht und Fehleinschätzungen wichtiger Militärexperten sorgten ihrerseits für Unbehagen. Die Sicherheitspolitik bedrohende Entwicklungen bzw. die Irrtürmer mit Blick auf die Realpolitik waren Gründe, strategisch wichtige Partner in die westliche Allianz aufzunehmen.

Obwohl es keine politischen oder wirtschaftlichen – um nur zwei Punkte zu nennen – Beziehungen zwischen der Türkei und Korea gab, stimmte die türkische Presse, trotz kritischer Stimmen, für einen Militäreinsatz am dortigen Kriegsschauplatz. Da die hier analysierten Tageszeitungen von ehemaligen oder aktiven türkischen Politikern herausgegeben worden sind, repräsentieren sie in gewisser Weise die Position der damaligen Regierung in der Türkei. Nicht nur die Sicherung der physischen Grenzen gegenüber der Sowjetunion spielte für die türkische Politik eine Rolle, sondern auch die „vorgestellten" ideologisch-territorialen Abgrenzungen zwischen dem kapitalistischen Westen und dem kommunistischen Osten. Nicht zuletzt deswegen forderten die hier analysierten Tageszeitungen eine klare Positionierung der Regierung zugunsten des kapitalistischen Westens und dies beinhaltete auch die militärische Teilnahme an Allianzen des Westblocks, um die kommunistische Expansion einzudämmen.

Abstracts

A Peace for Europe? The Treaty of St. Germain within the framework of the Paris Peace Treaties

Laura Rathmanner
The Paris Peace Negotiations and the German Austrian Republic

As part of the so-called Paris Peace Treaties, the Treaty of St. Germain between the Allied and Associated Powers and the Republic of Austria had taken shape in the negotiations at the Paris Peace Conference in the aftermath of World War I. The new "German Austrian Republic", as it originally called itself, was represented by a comparatively small delegation headed by the state chancellor, Karl Renner, and tried to make the best out of the difficult position as former part of the defeated and now dissolved Habsburg monarchy. The contribution focusses on the conference and the German Austrian delegation from an organisational and procedural point of view in an attempt to show how the different positions interacted and how the delegation could use its remaining scope of action.
Keywords: Paris Peace Conference, German Austrian Delegation, Treaty of St. Germain

Herbert Kalb
Protection of Minorities in the Treaty of St. Germain: The Viewpoint of Legal History

Taking the perspective of legal history, the contribution examines the minority clauses of the Treaty of St. Germain. While President Wilson was unsuccessful in including the protection of minority rights in the Covenant of the League of Nations, the rights were guaranteed on an individual basis. Modelled after the

Minority Treaty wrought from Poland, signed on June 28th, 1919, the clauses regarding the protection of minorities were adapted with a few modifications in the Treaty of St. Germain. They provided constitutional and international guarantees, provisions regarding religious protection, guarantees of equality and non-discrimination as well as rights of citizenship, the violation of those guarantees leading to a series of complaints before the League of Nations. As other states thus obligated to the protection of minorities, Austria maintained a reserved position.
Keywords: Protection of minorities, President Wilson, League of Nations (minority) complaints

Thomas Olechowski
The Prohibition of the "Anschluß" by the Treaty of St. Germain

According to article 88 of the Treaty of St. Germain, the "independence of Austria" was "inalienable otherwise than with the consent of the Council of the League of Nations." This provision was directed primarily against the efforts of Austria for a constitutional association with the German Reich ("Anschluss"). Already on November 12, 1918, the German-Austrian parliament had declared the "Anschluß" by law. Since the German parliament did not make a corresponding decision, the Austrian law had no effect. It was not until 1938 that Hitler made the "Anschluß". Although this meant a clear breach of the Paris Peace Treaties, there was no objection from the League of Nations or the Great Powers.
Keywords: "Anschluß", Austrian-German Customs Union, Greater German solution, Treaty of St. Germain, Otto Bauer

Stefan Wedrac
The Beginning of Austrian Drug Prohibition Policy. The Opium Convention of 1912 and the Treaty of St. Germain

The Opium Convention of 1912 was an attempt of the international community to control opium traffic. Austria-Hungary never signed or ratified it because of internal political and legal reasons that are inherent to its complicated structure. At the Paris Peace Conference in 1919 in was decided that the Opium Convention of 1912 was included into the peace treaties so that it got universally ratified by the concluding parties. In the years after the war, the new Austrian Republic incorporated drug control laws into the legal system.
Keywords: Opium, Drug Policy, Treaty of St. Germain

Hüseyin I. Çiçek
"We are sending our forces to Korea." The Turkish Press and the Korean War

The following essay analyzes the news coverage of the Turkish press before and during the Korean War on the basis of various Turkish daily newspapers. Until June 1950, there were no relations with South or North Korea. At the same time, the emerging antagonism between the United States and the Soviet Union divided the world into two blocks. Ankara has endeavored since the end of the war an alliance policy with France, Great Britain, Italy and the USA. The Korean War offered Turkey the unique opportunity to be included in the defensive alliance of the capitalist West.
Keywords: Turkish Press, Cold War, Korean War

Rezensionen

Anton Pelinka, Die gescheiterte Republik. Kultur und Politik in Österreich 1918–1938, Wien 2017, 319 Seiten.

Der Untertitel, „Kultur und Politik 1918–1938“, kündigt den besonderen Zuschnitt des Buches an. Es geht Anton Pelinka nicht um eine weitere detailreiche politische Geschichte der Ersten Republik, es ist ihm auch nicht um eine umfassende, integrale Analyse der Wirtschafts-, Sozial-, Kultur- und Politikgeschichte zu tun, sondern um eine intensive politikwissenschaftliche Durchleuchtung der österreichischen Identität in dieser Zeit. Wie haben sich Parteien, Verbände, Vereine mit diesem Staat, dessen Grenzen in St. Germain von der Entente festgeschrieben wurden, zurechtgefunden? Wie haben sich große Persönlichkeiten des wissenschaftlichen, universitären, kulturellen Lebens mit der Republik identifiziert, mit ihr arrangiert, welche Visionen und Zukunftsmodelle haben sie geleitet? Welche Potenziale hat es gegeben, über die politischen Friktionen hinweg zu einer gemeinsamen Erzählung des Zusammenlebens im neuen Staat zu kommen? Der Autor öffnet jedenfalls ein weites Feld, bearbeitet es mit (auch rhetorisch) beeindruckenden Analysen und zieht eine Art Resümee seiner vielfältigen Forschungen über die Erste Republik.

Mit der Titelgebung gibt Pelinka seiner Darstellung einen festen Rahmen, zwängt das Drama dieser zwanzig Jahre in klare und große Linien. Das Leitmotiv seiner Interpretation ist das Scheitern. Wohin Pelinka sieht, trifft er auf wenig mehr als Illusionen, Trugschlüsse, Irrwege, Fluchtversuche, Rückzüge, meist höchst gefährliche Denkmuster. Stimmen der Vernunft waren zu leise, zu zurückgezogen, wurden nicht gehört. Die staatlichen Klammern, etwa die Verfassung von 1920, wurden schnell in Frage gestellt. Mögliche Potenziale einer Gemeinschaftsstiftung (durch die Frauenbewegung, das Judentum, die Wissenschaft, den Linkskatholizismus, den Liberalismus) wurden nicht genutzt. Instanzen der Zivilgesellschaft waren zu schwach gegenüber dem Mahlstrom der politischen Subkulturen. Zwischen den Parteien tobte ein erbitterter Kalter Krieg, die Demokratie wurde 1933/34 ausgeschaltet, das Land wurde 1938 annektiert, sein Territorium zerstückelt und ging in der Katastrophe des Zweiten Weltkrieges unter.

Die Chronologie spielt zwar auch eine Rolle, ein Mittelteil charakterisiert und differenziert die verschiedenen Perioden, aber insgesamt hat Pelinka in seiner Analyse immer das Ganze im Visier, sieht den untersuchten Zeitraum als kompakten Block. Seinen theoretischen Bezugsrahmen bezieht Pelinka beim niederländisch-amerikanischen Politikwissenschafter Arend Lijphart mit der Unterscheidung zwischen einem konflikt- versus konsensorientierten Modell der Demokratie, was Pelinka auf den Gegensatz von der Ersten zur Zweiten Republik umlegt: Aus dem gescheiterten ersten Versuch ist man gescheiter geworden. Es gab zwar, so der Autor, in der Anfangszeit der Ersten Republik einige Ausnahmen in der „Alles-oder-Nichts"-Strategie, aber insgesamt blieb das Denken, dass der politische Sieg vor allem die Niederlage des Gegners beschlossen werden müsse, der alles beherrschende Grundakkord.

Chancen wurden verpasst, aber sie waren da, schienen auch für viele Beteiligte real zu sein. Die Große Koalition von 1918 bis 1920 hat Österreich auf einen in Mitteleuropa raren, auch selten gewürdigten Stabilitäts- und Friedenskurs gebracht, der erst mit Beginn der Weltwirtschaftskrise verlassen wurde. Die demokratische Republik scheiterte, weil das politische System aller Länder ringsherum (mit Ausnahme der Tschechoslowakei) scheiterte. Der Kalte Krieg der Worte und der Heiße Krieg des Bürgerkrieges, in denen die „politischen Lager" verfielen, waren nicht nur eine österreichische Spezialität. Pelinka benennt auch Verantwortlichkeiten, beschreibt eine neue christlichsoziale Politikergeneration (Dollfuß, Schuschnigg), die angesichts der drohenden politischen Niederlage Anfang der 1930er-Jahre angetreten war, mit allen Tricks und mit Hilfe der gesamten staatlichen Gewalt einen autoritären Kurs zu steuern und den Parlamentarismus außer Kraft zu setzen. Alternativen wären durchaus dagewesen, der demokratischen Option treu zu bleiben. Den viel diskutierten Begriff „Autrofaschismus" für die Jahre 1934 bis 1938 beurteilt er abwägend.

Pelinka argumentiert mit bewundernswerter Souveränität, wenn er sich seinem vorrangigen Hauptthema, der Politischen Kultur in ihren vielfältigen Formen, zuwendet: der Verfassungsfrage, dem Agieren der Parteien, den Parteiprogrammen, den politischen Subkulturen, den ideologischen Diskursen im Mainstream, aber auch auf peripehereren Pfaden (Richard Coudenhove-Kalergi, Anton Wildgans). Hier zeigt Pelinka sein großes Wissen, seine ganze politikwissenschaftliche Kompetenz. Zugleich begibt sich sein wahrlich anregender Epochenüberblick auf ein heikles Terrain, weil er implizit beansprucht, die große, weite Welt der Literatur und Kunst, der Theaterkultur und der Wissenschaft (nicht die Alltagskultur, nicht etwa Kino und Operette, Mobilität, Freizeit) einzubeziehen und diese mit den Identitätskonflikten der 1920er- und 1930er-Jahre zu konfrontieren. Der große, weitgefächerte Kosmos der Literatur-, Kunst-, Wissenschafts-, Geistesgeschichte kommt, nicht weiter verwunderlich bei der Beschränktheit des Umfangs, selektiv ins Spiel. Er bringt die großen Namen und ihre Schöpfungen und ihre Beiträge zur politischen Kultur ein: Karl Kraus, Robert Musil, Hugo von Hofmannsthal, Stefan Zweig, Anton Wildgans, Richard Strauss in der Staatsoper, Max Reinhardt bei den Salzburger Festspielen und konstatiert, dass diese Kultur „abgekoppelt von der Realität der Republik" (43), aber trotzdem mit ihr verflochten gewesen sei.

Manche seiner Urteile führen auf Nebengeleise und sind zu eindimensional. Stefan Zweig war nicht so unpolitisch, wie es Pelinka darstellt. Musils „Mann ohne Eigenschaften" als „fast schon dadaistische Erzählung" (47) zu bewerten, geht nicht. Schnitzler ließ nur bei flüchtiger Betrachtung die Republik an sich vorbeiziehen, ohne an ihr in seinem Werk Anteil zu nehmen. Joseph Roths frühes journalistisches und literarisches Werk wird nicht berücksichtigt, bei Franz Werfel hält er es ebenso, obwohl er und Egon Erwin Kisch (der fehlt komplett) in der Revolutionsphase eine wichtige Rolle spielten. Die politische Allianz zwischen Karl Kraus und Sozialdemokratie unmittelbar nach 1918 wird fast unterschlagen. Wieso behandelt „Die gescheiterte Republik" die so erfolgreiche überbordende rechte Romanliteratur aus dem überlappenden katholisch-nationalen Spektrum nur ganz beiläufig? Der politisch so erhebliche Streit um den PEN-Kongress in Ragusa wird draußen gehalten. Recht leichtfertig werden Urteile gesetzt wie: „Für die Kunst und die Literatur der Republik fand diese eigentlich nicht statt." (174) Pelinka wäre gut beraten gewesen, hier die Ergebnisse der literaturwissenschaftlichen Forschung, etwa Wendelin Schmidt-Dengler, Klaus Amann, Gerald Stieg, Norbert Christian Wolf u.v.a. einzubeziehen. Auch die großen Ausstellungen wie „Kampf um die Stadt" scheinen am Autor vorübergegangen zu sein. Merkwürdig, dass er in seiner Darstellung ein bei der Thematik „Politik und Kultur" so zentrales Dokument wie die „Kundgebung des geistigen Wien" (mit Schnitzler, Freud, Musil, Salten, Werfel) zum Wahlkampf 1927 glatt übersehen hat. Es zeugt auch nicht von Übersicht, wenn er zwar Thomas Mann 1925 im Wiener PEN-Klub ganz unpolitisch referieren lässt, aber gleichzeitig unterschlägt, dass der Literaturnobelpreisträger im Oktober 1932 im Ottakringer Arbeiterheim sprach und seine Sympathie für die österreichische Sozialdemokratie kundtat. Es ist jedenfalls auffallend, dass sich Pelinka vom essenziellen Kulturgegensatz Metropole Wien versus „Provinz" wenig inspirieren ließ. Es liegt nicht nur am begrenzten Platz, dass die Passagen um die verflixte Widersprüchlichkeit von „Kultur und Politik" der Qualität des politikwissenschaftlichen Aufrisses hinterherhinken.

Alfred Pfoser

Robert Dale, Demobilized Veterans in Late Stalinist Leningrad. Soldiers to Civilians, London 2017, 272 Seiten.

Robert Dale hat eine sorgfältig recherchierte Fallstudie über die Entlassung sowjetischer Soldaten und Soldatinnen aus dem Kriegsdienst und ihre Wiedereingliederung in die zivile Gesellschaft vorgelegt. Der Untersuchungszeitraum erstreckt sich vom „Tag des Sieges" (9. Mai 1945) bis in die frühen 1950er-Jahre und fällt somit in die Zeit, in der der sowjetische Kriegskult und die Tätigkeit von Veteranenverbänden noch keine nennenswerten Faktoren für die Identitätsbildung ehemaliger Kriegsdienstleistender darstellten. Der Fokus auf Individuen, die vielfach auf sich alleine gestellt waren, unterscheidet die Studie somit grundlegend von Mark Edeles Untersuchung eines „popular movement" sowjetischer Weltkriegsveteranen (Edele 2009).

Dale beleuchtet zunächst die Phasen der sowjetischen „Demobilisierung", die sich über mehrere Jahre hinzog, und zieht dabei auch Parallelen zu Erfahrungen nach dem Ersten Weltkrieg sowie der westlichen Siegermächte nach dem Zweiten Weltkrieg. Sein Hauptinteresse gilt jedoch der Frage, wie die Kriegsheimkehrenden den Übergang ins „normale" Leben meisterten, welche Hindernisse dabei in der sowjetisch-stalinistischen Nachkriegsgesellschaft zu bewältigen waren und auf welche Ressourcen zurückgegriffen werden konnte. Er versteht „Demobilisierung" nicht als einmaliges Ereignis, sondern als komplexen und langjährigen Prozess, bei dem soziale, ökonomische, kulturelle, psychologische, wie auch militärische und bürokratische Aspekte ineinander greifen (4).

Um es vorwegzunehmen: Dale zeichnet ein insgesamt positives Bild, das dem Großteil der Heimkehrenden eine außerordentlich gute Befähigung zur Problemlösung und Integration nach den erfahrenen Gewalterfahrungen bescheinigt. In sechs Kapiteln stützt er sich auf umfangreiche Archivrecherchen und wägt sorgfältig zwischen den akuten Bedürfnissen frisch entlassener Kriegsdienstleistender und den realen Möglichkeiten, die die von Krieg und Terror gezeichnete sowjetische Gesellschaft bieten konnte. Die Auflösung großer Armeen stellte für alle kriegsbeteiligten Länder eine große Herausforderung dar, doch wie Dale eindrücklich demonstriert, war die Kluft zwischen Propaganda und Realität wohl nirgends so groß wie in der Sowjetunion: Der Umgang mit Heimkehrenden „quickly revealed the rhetoric of Stalinist care and concern for the ‚glorious defenders of the motherland' to be a fiction." (67). Gefühle von Enttäuschung, Wut und Ohnmacht ziehen sich wie ein roter Faden durch alle Kapitel.

In der ersten Hälfte des Buches stehen praktische Aspekte der Heimkehr wie Wohnraum und Arbeitsplatz im Vordergrund. Obwohl Leningrad durch die Blockade weitgehend entvölkert wurde und VeteranInnen theoretisch Sonderrechte zustanden, stellte beides ein ernsthaftes Problem dar. Die versprochenen Privilegien existierten zwar auf dem Papier, in der Praxis fanden sich viele Wohnungs- und Arbeitssuchende jedoch in direkter Konkurrenz zu ebenfalls zurückkehrenden Evakuierten und neu in die Stadt Gezogenen, scheiterten an korrupter Bürokratie („This Kafkaesque bureaucratic nightmare was a world away from legal entitlement and privilege" (66)) oder schlicht dem Mangel an Baumaterialien. Letztendlich verließen sich die meisten auf Eigeninitiative und – sofern (noch) vorhanden – persönliche Netzwerke.

Dale enttarnt Mythen wie den des raschen Wiederaufbaus Leningrads nach dem Krieg oder der „Einheit von Front und Hinterland" und zeigt, dass auch die Integration in den Arbeitsprozess – aus sowjetischer Sicht „the most important battleground in turning ex-servicemen back into ordinary civilians" (72) – nicht so einfach war. Angebotene Stellen entsprachen oft nicht den Qualifikationen oder Hoffnungen von Arbeitssuchenden, zudem entstanden Spannungen zwischen jenen Arbeitenden mit und jenen ohne Kriegserfahrung. Dale findet und zitiert teilweise deutliche Worte, die Kriegsheimkehrende in (überwachten) Briefen an Verwandte äußerten oder in Form von Beschwerden an offizielle Stellen richteten. Dabei stellt er fest, dass viele ihre aufgestaute Wut gegen niedere Bürokratieebenen richteten, „channelling their anger away from central political leaders or the vagaries of the Soviet political system". (68).

Die Studie gibt wertvolle Einblicke in die sowjetische Nachkriegsgesellschaft; gleichzeitig streicht Dale zu Recht hervor, dass Leningrad sich in vielen Aspekten von anderen Regionen unterschied. Zentrale These ist, dass Heimkehrende in der von der Blockade gezeichneten Stadt auf mehr Verständnis für die erlittenen Traumata hoffen konnten, hatten in Leningrad Zurückgebliebene doch nicht minder Grauenvolles erlebt. Gleichzeitig führte dieses geteilte Leid auch zu einer Art Rivalität um symbolisches und finanzielles Kapital. Dale bleibt eine genauere Betrachtung der legalen Unterschiede zwischen jenen, die an der Front gekämpft hatten, und „Verteidigern Leningrads"[1] sowie sonstigen Blockadeüberlebenden schuldig. Da jedoch der Vergleich mit *blokadniki* ein zentraler Bestandteil der Studie ist, wäre diese Differenzierung hilfreich gewesen. Unbestritten ist, dass alle diese Kategorien traumatische Erlebnisse implizierten.

In den letzten drei Kapiteln untersucht Dale die nicht weniger schwierige „Demobilisierung des Geistes", Fälle von „nicht gelungener Integration" und Verletzungen von Körper und Seele „that would not heal". Dies ist der vielleicht interessanteste Teil der Studie, unter anderem auch deshalb, weil die genannten Themen im heutigen Russland, das sich wieder verstärkt auf den Mythos des moralisch überlegenden Siegers stützt, weiterhin Tabus unterliegt. Faszinierend sind vor allem die während der Blockade und in der Nachkriegszeit durchgeführten Forschungen medizinischer Institutionen, die auch in der Literatur über Blockadeüberlebende Beachtung finden (Dzeniskevich, Barber 2005; Wachter 2014). Obwohl Hinweise auf traumatisierende Effekte von Krieg sukzessive aus der offiziellen Geschichte und der Kriegserinnerung gestrichen wurden (129), entstand in Leningrad beträchtliches Wissen über die psychischen Folgen von Krieg – auch wenn dieses nicht immer zum Wohl der Bevölkerung angewandt wurde. Auch die Behandlung von Invaliden war primär darauf ausgelegt, die Spuren des Krieges zu beseitigen: „[…] to suppress the memories of the war

1 Diese Kategorie schloss auch Arbeitende sowie Kinder und Jugendliche, die für besondere Verdienste mit der Medaille „Für die Verteidigung Leningrads" ausgezeichnet worden waren, mit ein.

prompted by empty sleeves, eye patches or crutches and protect late Stalinist society's aesthetic sensibilities." (118)

Dale streicht immer wieder die ungleich schwierigere Situation wenig repräsentativer Gruppen wie Kriegsgefangener, Invaliden und weiblicher Kriegsheimkehrender heraus, wobei letztere nach wie vor ein Forschungsdesiderat darstellen. Fast möchte man sich wünschen, dass die Interviews mit Überlebenden etwas präsenter in die Studie eingegangen wären. So hätten kompakte Gesprächsteile möglicherweise ein vollständigeres Bild geliefert als thematisch ausgewählte Zitate, die in der Fülle der Quellenlage fast ein wenig unterzugehen drohen. Insgesamt ist *Demobilized Veterans* eine sehr fundierte Studie, die der Inhomogenität der untersuchten Gruppe und den daraus resultierenden Schwierigkeiten voll gerecht wird.

Literatur:

Andrei R. Dzeniskevich, John Barber (Hg.), Life and Death in besieged Leningrad, 1941–44, Basingstoke 2005.

Mark Edele, Soviet Veterans of World War II: A Popular Movement in an Authoritarian Society, 1941–1991, Oxford 2008.

Alexandra A. Wachter, The Last Heroes of Leningrad. Coping strategies of Siege survivors in Soviet and post-Soviet society, PhD Diss. London 2014.

Alexandra Wachter

Simone König, Die Gedenkveranstaltungen zur Erinnerung an den Widerstand der Weißen Rose an der Ludwig-Maximilians-Universität München vom 1945 bis 1968 (Beiträge zur Geschichte der Ludwig-Maximilian-Universität München für das Universitätsarchiv 8), München 2017, 178 Seiten.

Eine der ersten Ausstellungen zum antifaschistischen Widerstand wurde im September 1946 im Wiener Künstlerhaus eröffnet, ergänzt durch ein Gedenkbuch „Niemals vergessen" mit zahlreichen Beiträgen von prominenten Persönlichkeiten des öffentlichen Lebens Österreichs: „Ein Buch der Anklage, Mahnung und Verpflichtung", herausgegeben von der Gemeinde Wien unter Federführung des amtsführenden Stadtrats und ehemaligen KZ-Häftlings Viktor Matejka. Das Geleitwort der Herausgeber – „Wir alle sind schuldig. Jeder erkenne selbst sein Maß an Schuld" – wurde wenige Seiten später vom Bundesminister des Innern, Oskar Helmer, relativiert: „Österreich – das erste Opfer des Nazifaschismus" (Gedenkbuch, 28). Eine lange nachwirkende Legendenbildung wurde so sanktioniert.

Wenige Wochen zuvor fand am 4. November 1945 im Münchner Schauspielhaus die erste große Gedenkfeier für die Widerstandsgruppe „Weiße Rose“ statt. Hier wurden von Anfang an die dargestellten Ereignisse durch eine unmittelbar einsetzende Mythen- und Legendenbildung verstellt. Nicht die flatternden Flugblätter im Lichthof der Münchner Universität als spätere Ikone für den Widerstand der „Weißen Rose“ standen im Mittelpunkt der ersten Gedenkfeiern, sondern der prominente Religionsphilosoph Romano Guardini stellte 1945, und erneut 1958, seine eigene Weltanschauung und Gesinnung in den Mittelpunkt seiner Gedenkreden. Der christliche Glaube galt für ihn als entscheidender Auslöser für den Widerstand der „Weißen Rose“, ohne dass ein Bezug zu den konkreten historisch-politischen Zusammenhängen hergestellt wurde. Der geschichtliche Hintergrund mit den unterschiedlich interpretierten Ereignissen und Personen der Widerstandsgruppe „Weiße Rose“ wurde erst in den 1950er-Jahren thematisiert, ausgelöst durch Inge Scholl. Die damalige Leiterin der Volkshochschule Ulm und ältere Schwester der am 22. Februar 1943 vor dem Volksgerichtshof zum Tode verurteilten Geschwister Sophie und Hans Scholl hatte 1952 einen „biographischen Bericht“ über die „Weiße Rose“ veröffentlicht, ergänzt mit Hilfe von Inge und Walter Jens durch weitere Bücher und Briefeditionen in hoher Auflage. Das führte zu einer „Ritualisierung des Gedenkens“ in den Zeiten der Rückkehr alter NS-Eliten in die BRD-Gesellschaft (Simone König). So war zum Beispiel der damalige bayerische Kultusminister Theodor Maunz 1960 als respektierter Gast ohne Protest bei der Gedenkveranstaltung in München anwesend – unter den 2000 Anwesenden befand sich auch der Vater der Geschwister Scholl. „Der Auftrag des Führers ist schlechthin das Kernstück des geltenden Rechtsystems und seinem innersten Wesen verbunden“, hatte der prominente NS-Jurist 1943 in seinem Werk über „Gestalt und Recht der Polizei“ verkündet – im Jahr der Ermordung der Geschwister Scholl. Das Gedenken an den Widerstand stand damals noch nicht im Konflikt mit den personellen Kontinuitäten aus der NS-Zeit, wie Simone König zutreffend festhält. Im Gegenteil: Als Ko-Autor des Grundgesetz-Kommentars „Maunz-Düring-Herzog“ (Roman) und Mitglied der CDU war er 1952 zum Ordinarius für Öffentliches Recht in München berufen worden. Erst 1964 musste er wegen seiner NS-Vergangenheit als Kultusminister zurücktreten. Maunz lehrte aber weiter als ordentlicher Professor an der Ludwig-Maximilians Universität München und nahm erneut am 19. Februar 1965 an der Gedenkfeier in München teil.

Solche Enthüllungen und Kontroversen infolge neuerer wissenschaftlicher Arbeiten über die NS-Zeit und den Widerstand wie auch der Ost-West-Konflikt wirkten auf die Gedenkfeiern ein. Die 1963/64 mit dem 20. Gedenktag für die „Weiße Rose“ und dem 20. Juli 1944 einsetzende, intensivere Aufarbeitung der NS-Vergangenheit veränderte die Tradition des feierlichen Gedenkens und fand mit der Zäsur des Studentenprotests von 1968 in München ein vorläufiges Ende.

Alle Planungen für neuerliche Gedenkfeiern in der Münchner Universität scheiterten in den 1970er-Jahren. Erst 1980 begann „eine neue Ritualisierung in Form der Gedächtnisvorlesungen, die bis zum heutigen Tag jährlich, meist im Februar, zu Ehren der Weißen Rose gehalten werden" (136).

Über diese Zusammenhänge veröffentlichte Simone König 2017 im Herbert Utz-Verlag eine solide Recherche. Es handelt sich um eine überarbeitete Dissertation an der Universität München, die den Forschungsstand einleitend mit aktuellen Deutungen verknüpft. Im Anhang wird das chronologische Verzeichnis der gedruckten und ungedruckten Reden durch einen Editionsteil ergänzt, in dem sich zwei bis dahin unbeachtete Gedenkreden vom 4. November 1945 veröffentlicht finden: denn in Ergänzung zu Romano Guardini ergriffen auch der Münchner Oberbürgermeister Karl Scharnagel und Josef Furtmeier, ein Vertrauter der Opfer der „Weißen Rose", das Wort (153–162).

Die Gedenkreden stellen die wichtigsten Quellen der Arbeit von König dar. Aus ihnen werden Rückschlüsse auf zeitgenössische Meinungen und Diskurse gezogen und Veränderungen des Umgangs mit der NS-Vergangenheit dargestellt. Eine weitere Quelle ihrer Arbeit sind die Senatsprotokolle der Universität München, die über universitätsinterne Entscheidungen Auskunft geben, während mit Hilfe der Zeitungsberichte Informationen über Reaktionen des Publikums und besondere Vorkommnisse eingeholt werden.

Es handelt sich um eine wichtige, und – in Zeiten eines neuen Rechtsrucks in Deutschland und Österreich – auch um eine aktuelle Publikation. Denn gegenwärtig wird die in den zurückliegenden Jahrzehnten in einem mühsamen Prozess gesellschaftlicher Verständigung erkämpfte Erinnerungskultur von dem erstarkenden Rechtspopulismus infrage gestellt. Die Umdeutung historischer Ereignisse der NS-Zeit ist hierfür ein zentrales Instrument: „Wer die Worte von Bundespräsident Richard von Weizsäcker vom 8. Mai 1985 über die Befreiung vom Nationalsozialismus als ‚Rede gegen das eigene Volk' brandmarkt, eine erinnerungspolitische Wende fordert und völkische Denkweisen vertritt, der bereitet einem neuen Nationalismus und der Wiederkehr von Leugnung, Aufrechnung und Relativierung den Weg". Das konstatierte der Sprecherrat der Arbeitsgemeinschaft der KZ-Gedenkstätten in der Bundesrepublik Deutschland – FORUM der Landesarbeitsgemeinschaften der Gedenkstätten, Erinnerungsorte und -initiativen in Deutschland am 5. Mai 2017 angesichts des neuen „Radikalismus der Mitte" (Theodor Geiger) nicht nur in den Reihen der AfD. Deshalb ist es wichtig, dass Arbeiten wie die von Simone König an die Erfolge der Erinnerungskultur erinnern und damit auch historisch-politische Bildung stärken. Dabei kommt gerade heute den Gedenkstätten zur Erinnerung an die Opfer der nationalsozialistischen Verbrechen eine besondere Verantwortung zu. Sie haben sich zu wichtigen Lernorten einer demokratischen Gesellschaft und zu stark besuchten zeitgeschichtlichen Museen entwickelt. Gegenwärtig sind sie mit der neuen Aufgabe konfrontiert, im Zuge des Generationenwechsels und des Verlustes der ZeitzeugInnen die Erinnerung an die Verbrechen des Nationalsozialismus zu bewahren. Sie sollen diese Geschichte auch Migrantinnen und Migranten vermitteln und dadurch Beiträge zur Integration und Festigung der demokratischen Kultur leisten. Gemeinsam mit anderen Akteuren in der Geschichtsvermittlung dienen sie der Völkerverständigung und der Menschenrechtsbildung.

Jörg Wollenberg

Autor/inn/en

Hüseyin I. Çiçek, Mag. Dr.
Assoziierter Mitarbeiter am Erlanger Zentrum für Islam und Recht in Europa sowie Dozent am Lehrstuhl für Politik und Gesellschaft des Nahen Ostens an der Universität Erlangen und ebenso Dozent an der Universität Liechtenstein, hueseyin.cicek@outlook.com

Herbert Kalb, Univ.-Prof. DDr.
Institut für Kanonistik, Europäische Rechtsgeschichte und Religionsrecht (Leitung); Institut für Staatsrecht und Politische Wissenschaften: Abteilung für Politikwissenschaft, Rechtsethik und Rechtsphilosophie (Leitung), Johannes Kepler Universität Linz, herbert.kalb@jku.at

Thomas Olechowski, Univ.-Prof. Dr.
Leiter der Forschungsstelle für Rechtsquellenerschließung am Institut für Rechts- und Verfassungsgeschichte, Universität Wien, thomas.olechowski@univie.ac.at

Alfred Pfoser, Dr.
Wien, alfred.pfoser@icloud.com

Laura Rathmanner, Univ.-Ass.[in] Mag.[a]
Institut für Rechtsphilosophie, Universität Wien, laura.rosemarie.rathmanner@univie.ac.at

Alexandra Wachter, Dr.[in], MA
Österreichische Gesellschaft für Zeitgeschichte, c/o Institut für Zeitgeschichte, Universität Wien, alexandra.wachter@univie.ac.at

Stefan Wedrac, Mag. Dr.
Wissenschaftlicher Mitarbeiter, Institut für Neuzeit und Zeitgeschichtsforschung der Österreichischen Akademie der Wissenschaften, Wien; IES Vienna, stefan.wedrac@oeaw.ac.at

Jörg Wollenberg, emer. Univ.-Prof. Dr.
Bremen

Anita Ziegerhofer, Ao.Univ.-Prof.in Dr.in
Institut für Rechtswissenschaftliche Grundlagen, Leiterin FB Rechtsgeschichte und Europäische Rechtsentwicklung, Universität Graz, anita.ziegerhofer@uni-graz.at

Zitierregeln

Bei der Einreichung von Manuskripten, über deren Veröffentlichung im Laufe eines doppelt anonymisierten Peer Review Verfahrens entschieden wird, sind unbedingt die Zitierregeln einzuhalten. Unverbindliche Zusendungen von Manuskripten als word-Datei an: agnes.meisinger@univie.ac.at

I. Allgemeines

Abgabe: elektronisch in Microsoft Word DOC oder DOCX.

Textlänge: 60.000 Zeichen (inklusive Leerzeichen und Fußnoten), Times New Roman, 12 pt, 1 $\frac{1}{2}$-zeilig. Zeichenzahl für Rezensionen 6.000–8.200 Zeichen (inklusive Leerzeichen).

Rechtschreibung: Grundsätzlich gilt die Verwendung der neuen Rechtschreibung mit Ausnahme von Zitaten.

II. Format und Gliederung

Kapitelüberschriften und – falls gewünscht – Unterkapiteltitel deutlich hervorheben mittels Nummerierung. Kapitel mit römischen Ziffern [I. Literatur], Unterkapitel mit arabischen Ziffern [1.1 Dissertationen] nummerieren, maximal bis in die dritte Ebene untergliedern [1.1.1 Philologische Dissertationen]. Keine Interpunktion am Ende der Gliederungstitel.

Keine Silbentrennung, linksbündig, Flattersatz, keine Leerzeilen zwischen Absätzen, keine Einrückungen; direkte Zitate, die länger als vier Zeilen sind, in einem eigenen Absatz (ohne Einrückung, mit Gänsefüßchen am Beginn und Ende).

Zahlen von null bis zwölf ausschreiben, ab 13 in Ziffern. Tausender mit Interpunktion: 1.000. Wenn runde Zahlen wie zwanzig, hundert oder dreitausend nicht in unmittelbarer Nähe zu anderen Zahlenangaben in einer Textpassage aufscheinen, können diese ausgeschrieben werden.

Daten ausschreiben: „1930er“ oder „1960er-Jahre“ statt „30er“ oder „60er Jahre“.

Datumsangaben: In den Fußnoten: 4. 3. 2011 [Leerzeichen nach dem Punkt, nicht 04. 03. 2011 oder 4. März 2011]; im Text den Monat ausschreiben [4. März 2011].

Personennamen im Fließtext bei der Erstnennung immer mit Vor- und Nachnamen.

Namen von Organisationen im Fließtext: Wenn eindeutig erkennbar ist, dass eine Organisation, Vereinigung o. Ä. vorliegt, können die Anführungszeichen weggelassen werden: „Die Gründung des Öesterreichischen Alpenvereins erfolgte 1862.“ „Als Mitglied im Womens Alpine Club war ihr die Teilnahme gestattet.“ **Namen von Zeitungen/Zeitschriften** etc. siehe unter „Anführungszeichen“.

Anführungszeichen im Fall von Zitaten, Hervorhebungen und bei Erwähnung von Zeitungen/Zeitschriften, Werken und Veranstaltungstiteln im Fließtext immer doppelt: „“

Einfache Anführungszeichen nur im Fall eines Zitats im Zitat: „Er sagte zu mir: ‚…‘“

Klammern: Gebrauchen Sie bitte generell runde Klammern, außer in Zitaten für Auslassungen: […] und Anmerkungen: [Anm. d. A.].

Formulieren Sie **bitte geschlechtsneutral bzw. geschlechtergerecht.** Verwenden Sie im ersteren Fall bei Substantiven das Binnen-I („ZeitzeugInnen“), nicht jedoch in Komposita („Bürgerversammlung“ statt „BürgerInnenversammlung“).

Darstellungen und Fotos als eigene Datei im jpg-Format (mind. 300 dpi) einsenden. Bilder werden schwarz-weiß abgedruckt; die Rechte an den abgedruckten Bildern sind vom Autor/von der Autorin einzuholen. Bildunterschriften bitte kenntlich machen: Bild: Spanische Reiter auf der Ringstraße (Quelle: Bildarchiv, ÖNB).

Abkürzungen: Bitte Leerzeichen einfügen: vor % oder €/zum Beispiel z. B./unter anderem u. a. Im Text sind möglichst wenige allgemeine Abkürzungen zu verwenden.

III. Zitation

Generell keine Zitation im Fließtext, auch keine Kurzverweise. Fußnoten immer mit einem Punkt abschließen.

Die nachfolgenden Hinweise beziehen sich auf das Erstzitat von Publikationen. Bei weiteren Erwähnungen Kurzzitat. Wird hintereinander aus demselben Werk zitiert bitte den Verweis „Ebd.“ bzw. mit anderer Seitenangabe „Ebd., 12.“ gebrauchen. Kein „Ders./Dies.“ Zwei Belege in einer Fußnote mit „;“ trennen: Gehmacher, Jugend, 311; Dreidemy, Kanzlerschaft, 29. Bei Übernahme von direkten Zitaten aus der Fachliteratur „Zit. n.“ verwenden.

Monografien: Vorname und Nachname, Titel, Ort und Jahr, Seitenangabe [ohne „S.“].
Beispiel Erstzitat: Johanna Gehmacher, Jugend ohne Zukunft. Hitler-Jugend und Bund Deutscher Mädel in Österreich vor 1938, Wien 1994, 311.
Beispiel Kurzzitat: Gehmacher, Jugend, 311.
Bei mehreren AutorInnen/HerausgeberInnen: Dachs/Gerlich/Müller (Hg.), Politiker, 14.

Reihentitel: Claudia Hoerschelmann, Exilland Schweiz. Lebensbedingungen und Schicksale österreichischer Flüchtlinge 1938 bis 1945 (Veröffentlichungen des Ludwig-Boltzmann-Institutes für Geschichte und Gesellschaft 27), Innsbruck/Wien [bei mehreren Ortsangaben Schrägstrich ohne Leerzeichen] 1997, 45.

Dissertation: Thomas Angerer, Frankreich und die Österreichfrage. Historische Grundlagen und Leitlinien 1945–1955, phil. Diss., Universität Wien 1996, 18–21 [keine ff. und f. für Seitenangaben, von-bis mit Gedankenstrich ohne Leerzeichen].

Diplomarbeit: Lucile Dreidemy, Die Kanzlerschaft Engelbert Dollfuß’ 1932–1934, Dipl. Arb., Université de Strasbourg 2007, 29.

Ohne AutorIn, nur HerausgeberIn: Beiträge zur Geschichte und Vorgeschichte der Julirevolte, hg. im Selbstverlag des Bundeskommissariates für Heimatdienst, Wien 1934, 13.

Unveröffentlichtes Manuskript: Günter Bischof, Lost Momentum. The Militarization of the Cold War and the Demise of Austrian Treaty Negotiations, 1950–1952 (unveröffentlichtes Manuskript), 54–55. Kopie im Besitz des Verfassers.

Quellenbände: Foreign Relations of the United States, 1941, vol. II, hg. v. United States Department of States, Washington 1958.
[nach Erstzitation mit der gängigen Abkürzung: FRUS fortfahren].

Sammelwerke: Herbert Dachs/Peter Gerlich/Wolfgang C. Müller (Hg.), Die Politiker. Karrieren und Wirken bedeutender Repräsentanten der Zweiten Republik, Wien 1995.

Beitrag in Sammelwerken: Michael Gehler, Die österreichische Außenpolitik unter der Alleinregierung Josef Klaus 1966–1970, in: Robert Kriechbaumer/Franz Schausberger/Hubert Weinberger (Hg.), Die Transformation der österreichischen Gesellschaft und die Alleinregierung Klaus (Veröffentlichung der Dr.-Wilfried Haslauer-Bibliothek, Forschungsinstitut für politisch-historische Studien 1), Salzburg 1995, 251–271, 255–257.
[bei Beiträgen grundsätzlich immer die Gesamtseitenangabe zuerst, dann die spezifisch zitierten Seiten].

Beiträge in Zeitschriften: Florian Weiß, Die schwierige Balance. Österreich und die Anfänge der westeuropäischen Integration 1947–1957, in: Vierteljahrshefte für Zeitgeschichte 42 (1994) 1, 71–94.
[Zeitschrift Jahrgang/Bandangabe ohne Beistrichtrennung und die Angabe der Heftnummer oder der Folge hinter die Klammer ohne Komma].

Presseartikel: Titel des Artikels, Zeitung, Datum, Seite.
Der Ständestaat in Diskussion, Wiener Zeitung, 5. 9. 1946, 2.

Archivalien: Bericht der Österr. Delegation bei der Hohen Behörde der EGKS, Zl. 2/pol/57, Fritz Kolb an Leopold Figl, 19. 2. 1957. Österreichisches Staatsarchiv (ÖStA), Archiv der Republik (AdR), Bundeskanzleramt (BKA)/AA, II-pol, International 2 c, Zl. 217.301-pol/57 (GZl. 215.155-pol/57); Major General Coleman an Kirkpatrick, 27. 6. 1953. The National Archives (TNA), Public Record Office (PRO), Foreign Office (FO) 371/103845, CS 1016/205
[prinzipiell zuerst das Dokument mit möglichst genauer Bezeichnung, dann das Archiv, mit Unterarchiven, -verzeichnissen und Beständen; bei weiterer Nennung der Archive bzw. Unterarchive können die Abkürzungen verwendet werden].

Internetquellen: Autor so vorhanden, Titel des Beitrags, Institution, URL: (abgerufen Datum). Bitte mit rechter Maustaste den Hyperlink entfernen, so dass der Link nicht mehr blau unterstrichen ist.
Yehuda Bauer, How vast was the crime, Yad Vashem, URL: http://www1.yadvashem.org/yv/en/holocaust/about/index.asp (abgerufen 28. 2. 2011).

Film: Vorname und Nachname des Regisseurs, Vollständiger Titel, Format [z. B. 8 mm, VHS, DVD], Spieldauer [Film ohne Extras in Minuten], Produktionsort/-land Jahr, Zeit [Minutenangabe der zitierten Passage].
Luis Buñuel, Belle de jour, DVD, 96 min., Barcelona 2001, 26:00–26:10 min.

Interview: InterviewpartnerIn, InterviewerIn, Datum des Interviews, Provenienz der Aufzeichnung.
Interview mit Paul Broda, geführt von Maria Wirth, 26. 10. 2014, Aufnahme bei der Autorin.

Die englischsprachigen Zitierregeln sind online verfügbar unter: https://www.verein-zeitgeschichte.univie.ac.at/fileadmin/user_upload/p_verein_zeitgeschichte/zg_Zitierregeln_engl_2018.pdf

Es können nur jene eingesandten Aufsätze Berücksichtigung finden, die sich an die Zitierregeln halten!